Kevin tiene un gra
escribe como alguien que ...

—John Ortberg, pastor y autor, Iglesia presbiteriana
Menlo Park

Las últimas décadas han dictado en voz alta y claramente
que el liderazgo sostenible en la iglesia requiere de un líder
saludable. Kevin Harney hace un diagnóstico y prescribe un
plan bueno y factible.

—Randy Frazee, pastor de discipulado, Iglesia
Comunitaria Willow Creek

En el mar de libros sobre liderazgo, este se destaca debido a
que trata el tema crítico de la vida interior de un líder. Kevin
ha sido amigo y compañero en el ministerio por muchos
años. Conozco su trayectoria como líder. Motivo a los líderes
de iglesia a leer este libro con cuidado y a permitir que Dios
los transforme internamente, para que puedan experimentar
externamente un ministerio fructífero toda la vida.

—Lee Strobel, autor de *El Caso del Jesús Verdadero*

Hay un halo de autenticidad en lo que Kevin Harney escribe
sobre el liderazgo, porque está respaldado por su trayectoria
como un eficaz líder cristiano y como un amoroso y devoto
esposo y padre.

—Ajith Fernando, director nacional de *Juventud para
Cristo*, Sri Lanka

Si los líderes cristianos comprenden en oración *La esencia del liderazgo efectivo*, estoy confiado en que emergerán
con un alma fortificada, más enamorados de su Dios, más
conscientes de su propio corazón, más establecidos en su llamado y más apasionados por amar a otros. Si deseas estar en
el ministerio de aquí a dos décadas, harías bien en leer este
práctico libro.

—Gary Thomas, autor de *Matrimonio Sagrado
Cambia tu corazón, cambia tu vida*

En este maravilloso libro, Kevin Harney me ayudó a ver que fuera de mi interior está el mundo que estoy llamado a cambiar y dentro de mi exterior es donde encuentro al Salvador que me ha llamado al liderazgo. Si solo permitiera que él hiciera mi vida interior consistente con mi vida exterior, entonces es probable que pudiera poner de cabeza al mundo.

—Calvin Miller, autor de *The Sermon Maker*

La esencia del liderazgo efectivo es un destacado recurso para todo equipo de liderazgo de iglesia. Agárrense de los brazos y caminen juntos a través de este libro. Kevin Harney diestramente comunica cómo examinar la vida interna a fin de sostener el liderazgo para la gran carrera.

—Nancy Grisham, doctor en filosofía, evangelista del Ministerio Livin' Ignited

Al leer el libro de Kevin, descubrí que mi corazón latía más rápido. Latía más rápido porque era muy real, práctico y lleno de entendimiento. Esta es una lectura obligatoria para todo líder.

—Bob Bouwer, pastor principal de la Iglesia Faith en Dyer, IN

En este libro franco, abierto, práctico e incisivo, Kevin Harney trata con lo que en la actualidad es la más urgente necesidad y al mismo tiempo el más negado aspecto de la iglesia y el liderazgo misionero: el ser interior personal, psicoemocional y espiritual del líder. Este es el mejor libro sobre el tema que yo jamás haya leído.

—Charles Van Engen, profesor de teología bíblica misionera de Arthur F. Glasser, Seminario Teológico Fuller

La esencia del liderazgo efectivo

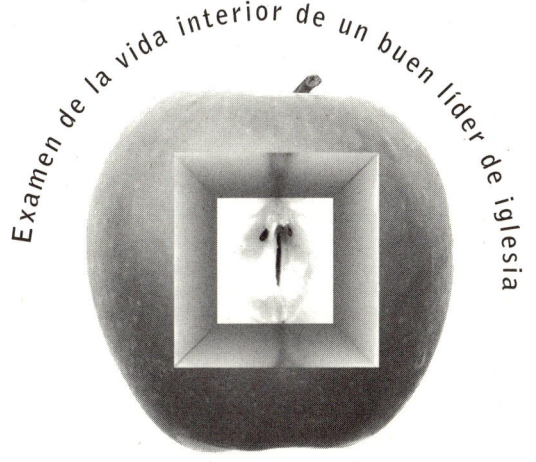

Examen de la vida interior de un buen líder de iglesia

kevin harney

La misión de Editorial Vida es ser la compañía líder en comunicación cristiana que satisfaga las necesidades de las personas, con recursos cuyo contenido glorifique a Jesucristo y promueva principios bíblicos.

LA ESENCIA DEL LIDERAZGO EFECTIVO
Edición en español publicada por
Editorial Vida – 2010
Miami, Florida

Translation copyright
© 2010 por Kevin Harney

Originally published in the USA under the title:
Leadership From the Inside Out
Copyright © 2007 by Kevin Harney
Published by permission of Zondervan, Grand Rapids, Michigan.

Traducción: *David Fuchs*
Edición: *Gisela Sawin*
Diseño interior: *Good Idea Production*
Adaptación de cubierta: *Good Idea Production*, Inc.

RESERVADOS TODOS LOS DERECHOS. A MENOS QUE SE INDIQUE LO CONTRARIO, EL TEXTO BÍBLICO SE TOMÓ DE LA SANTA BIBLIA NUEVA VERSIÓN INTERNACIONAL.
© 1999 POR BÍBLICA INTERNACIONAL.

ISBN: 978-0-8297-5364-6

CATEGORÍA: Iglesia cristiana / Liderazgo

IMPRESO EN ESTADOS UNIDOS DE AMÉRICA
PRINTED IN THE UNITED STATES OF AMERICA

10 11 12 13 ❖ 6 5 4 3 2 1

Selección VidaLíder

El propósito de la *Selección VidaLíder* es proveer a los líderes en todos los ámbitos, un pensamiento de vanguardia y el consejo práctico que necesitan para alcanzar un nivel más en sus destrezas de liderazgo.

Los libros de esta *Selección* reflejan la sabiduría y experiencia de líderes de trayectoria que ofrecen grandes conceptos en un tamaño práctico. Ya sea que leamos este libro por nuestra propia cuenta, o junto a un grupo de colegas, la *Selección VidaLíder* brindará una introspectiva crítica de los desafíos del liderazgo actual.

A los líderes que Dios bondadosamente ha puesto en mi vida y que han «peleado la buena batalla, terminado la carrera y mantenido su fe».

Yo sé que ustedes están alentando a la siguiente generación de líderes, a quienes les han pasado la posta.

¡Bien hecho, siervos buenos y fieles!

Contenido

Agradecimientos 9

Introducción: 11
El poder vivificante de la autoevaluación

1. El amor fortalece toda relación 23
   El corazón de un líder

2. Los aprendizajes de vida expanden nuestros horizontes . 41
   La mente de un líder

3. Escuchar atentamente comunica decisiones sabias 59
   Los oídos de un líder

4. Una visión clara de lo que viene adelante 79
   Los ojos de un líder

5. Las palabras positivas traen bendición y energía 99
   La boca de un líder

6. El servicio humilde revela la presencia de Jesús 119
   Las manos de un líder

7. La risa sostiene nuestra cordura 135
   El lado gracioso de un líder

8. Comprendamos y controlemos nuestros
   deseos sexuales 151
   La libido de un líder

9. Llevemos el yugo de Jesús 171
   La espalda de un líder

   Reflexiones para concluir 181

   Preguntas de discusión y sugerencias de oración 183
   Notas 197

Agradecimientos

Me siento agradecido por la gran cantidad de personas que Dios ha puesto en mi vida para formarme como líder. Su ejemplo, amor a Dios y pasión por la iglesia le dieron forma a algo útil en estas páginas. Doy gracias de corazón a:

El equipo líder de la Iglesia Reformada Corinth por su amistad y fidelidad de más de catorce años en el ministerio: Don, Deb, Barb, Ryan, Kevin, Mike, Doug, y a todos en el equipo de Corinth, quienes han servido tan fielmente.

Los pastores principales que han sido mis jefes y maestros: Mel, Rich, Henry, Ron y Don. Su ejemplo ha delineado mi vida de liderazgo.

Los miembros de mi grupo pequeño de pastores: Todd, Tim M., Dave, Brian, Tim V., Jim y James. Ustedes han sido como hermanos para mí y algunos han cuidado mi espalda por casi una década.

Los miembros de mi «grupo grande de pastores»: Jeff, Jim P., Bill, Mike, Tom, Jim L. y Don. Su sabiduría y pasión por el reino me han depurado como líder.

Los pastores y líderes que han sido mis amigos a lo largo de los años: Bob, Paul H., Chris, Paul B., Wayne, Brad, Adam, Ryan, Josh, Mark, Lee, Nancy, Randy, Charlie, Ken, Howie, Dave, Michelle y muchos otros. Ustedes me han hecho un mejor líder de lo que yo pude haber sido por mi cuenta.

Al comité de miembros y reglamentos del CCH: Ron, Brad, Gary y Harold. Su sabiduría y consejo han sido una ayuda directa en mi vida en muchas ocasiones.

A mi esposa Sherry y mis hijos, Zach, Josh y Nate. Nadie conoce y ve mi vida interior como ustedes. Me han motivado cuando he sido un líder fiel y han extendido su asombrosa gracia cuando he tropezado. Los amo a cada uno y aprecio cómo Dios ha formado mi liderazgo a través de nuestra vida juntos.

Introducción

El poder vivificante de la autoevaluación

No soy dado fácilmente a las lágrimas. Sin embargo, aquel día brotaron libremente.

Me atraparon con la guardia baja. Sinceramente, no lo vi venir.

Josh, mi hijo del medio, estaba trabajando en un proyecto de video. Mientras clasificaba horas de grabación, se topó con un momento capturado casi una década antes. En la terraza trasera de nuestra casa estaban cuatro parejas y sus hijos. El sol brillaba, todos tenían sonrisas en su rostro, los niños chapoteaban en la piscina, el aire estaba lleno de risas.

Era un día hermoso.

Años antes de que aquel día fuera grabado en video, los ocho habíamos sido parte de la misma congregación en la costa oeste. Habíamos ministrado juntos en esta iglesia, nos habíamos arrastrado por las mismas trincheras y trabajado incansablemente por construir una comunidad bíblica que alcanzara al mundo con el amor de Dios. En medio de nuestra jornada común, Dios había unido nuestros corazones. Nos amábamos unos a otros. Éramos familia.

Luego de años de servicio juntos, todo terminó y tomamos caminos separados. Pero a la larga, por un encantador giro de la mano de Dios, todos llegamos a ministrar y servir a Dios en el medio oeste, viviendo a un par de horas unos de otros, a aproximadamente tres mil doscientos kilómetros de donde en primera instancia nos conocimos. Y fue así como nos reunimos en nuestra casa.

introducción

Al ver la escena, me sorprendí por las lágrimas que corrieron por mis mejillas. Recordé nuestras conversaciones de aquel día, las visiones que compartíamos y nuestra celebración por la vida. Todos los adultos en la terraza trasera eran líderes dotados. Cada uno de nosotros amaba a Dios con un corazón fervoroso. Los once niños que chapoteaban en la piscina eran criados en amorosos hogares y estaban involucrados en iglesias que alimentaban su alma y daban forma a su corazón.

Si hubieras venido a casa un poco más tarde aquella noche, después que todos se habían ido a sus casas, y me hubieras preguntado: «¿Dónde estarán estas cuatro parejas dentro de diez años?» Hubiera respondido con seguridad: «Creo que cada una de estas parejas, incluyendo a Sherry y a mí, continuarán felizmente casadas, sirviendo fielmente, liderando decididamente, criando a sus hijos en amor y caminando con Jesús».

Cómo se estremeció mi corazón al ver aquel video de hace una década y constatar que tres de esas parejas ahora están divorciadas. Por la gracia de Dios, Sherry y yo estamos todavía juntos y sirviendo al Señor, pero las otras tres parejas ya no están casadas. Tampoco imaginábamos aquel día que ocho de esos sonrientes y gozosos niños estarían en su adolescencia enfrentando los desafíos que vienen como resultado del divorcio. Al ver el video de aquel glorioso día, mi corazón se quebrantó.

Me pregunté qué habría sucedido y reflexioné en lo que hubiera podido ser.

No escribo esto para ser crítico con aquellos amigos. Sherry y yo todavía queremos profundamente a cada uno de ellos. Narro este momento porque no creo que ninguna de estas parejas deseaba que las cosas terminaran en la forma en que lo hicieron. Hubo una época en que se amaron. Hubo un momento en que sirvieron gozosamente como compañeros en el ministerio. Todos eran líderes. Todos daban maravillosos frutos. Todos tenían un enorme potencial en el reino. Todos soñaban maravillosos sueños para Dios.

Al ver el video, me encontré pensando en la realidad de que muchos líderes dotados y apasionados enfrentan obstáculos durante sus jornadas y tropiezan. He pensado larga y enérgicamente por qué tantos que empiezan la carrera con fortaleza no terminan bien. Lo que viene a mi corazón una y otra vez es que el problema radica en la vida interior del líder. Muchos líderes han desarrollado grandes destrezas, asistido a excelentes conferencias, leído poderosos libros y agudizado sus habilidades administrativas. No obstante, algo va mal en el interior. Pocos líderes dejan el ministerio porque les faltan las habilidades. Por

el poder vivificante de la autoevaluación

el contrario, demasiado a menudo, lo que les falta es tener una vida interior formada y examinada por el Espíritu Santo. Este faltante lleva a acciones y decisiones que comprometen sus ministerios, dañan sus relaciones y menoscaban su integridad. No son malos líderes o malas personas; simplemente olvidan vivir una vida examinada. Y cuando se deja que la vida interior se erosione a un punto crítico, el mundo exterior implosiona.

En la actualidad, los líderes buscan servir después de las incontables fallas morales, finanzas fallidas, fracasos de integridad y explosiones en las relaciones de aquellos que han estado antes que nosotros. Es a nuestro propio riesgo que presionamos con horarios absurdamente cargados, resistencia a la responsabilidad y estilos de vida que no nos permiten echarle una mirada a nuestra alma. Necesitamos liderar desde la esencia de un líder, desde adentro hacia fuera.

Diversión bajo el sol

Éramos inexpertos.

No teníamos ni idea.

Éramos unos chicos creciendo en el Condado de Orange, California, y cuando llegaba el verano íbamos a Huntington Beach… ¡todo el día!

Era un proceso simple y glorioso. Mamá nos metía en el coche familiar (para los lectores más jóvenes, imaginen una minivan aplastada hasta la mitad de su altura), colocábamos nuestras tablas de surfear, toallas y cosas de playa en la parte trasera, y nos marchábamos. Mamá nos dejaba en la playa todo el día.

¡Nos encantaba!

La playa era el paraíso para los chicos prepúberes y los adolescentes con gran cantidad de energía. Mis recuerdos de aquellos días eran vívidos y dichosos. Todavía puedo escuchar el ruido de las gaviotas cuando se lanzaban en dirección a nosotros para alcanzar los restos de emparedado. Puedo sentir el Océano Pacífico secándose en mi cuerpo. Puedo saborear el agua salada en mis labios. Puedo cerrar los ojos y ver la cresta de las olas y el resplandeciente sol naranja ocultándose en la Isla Catalina. Puedo oler la comida rápida cocinándose, justo al sur del Muelle Huntington, donde todos nuestros amigos se reunían entre los puestos de salvavidas 3 y 5.

¿Cómo iba a saber que me estaba poniendo en riesgo? No tenía idea de que mi salud futura estaba siendo comprometida.

Simplemente estaba divirtiéndome… ¡mucho!

introducción

En las décadas de 1960 y 1970, el FPS era una mezcla sin sentido de consonantes. En la actualidad, el acrónimo FPS (factor de protección solar) es un conocido recordatorio de que los rayos del sol pueden dañar severamente nuestra piel si no tomamos medidas preventivas. Si queremos evitar problemas más tarde en la vida, aprendemos a untar nuestra piel con protector solar cuando vamos a estar expuestos al sol.

En aquellos días, las chicas en verdad colocaban aceite de bebé en su piel para broncearse más rápido. Todos los chicos podían sentir el calor del sol horneando nuestra piel desde el momento en que llegábamos en la mañana hasta las frescas horas de la tarde. Aquellos que surfeaban tenían dosis doble. Durante las horas en que nadábamos y permanecíamos sentados sobre nuestras tablas, esperando por las siguientes olas, el reflejo de la luz solar en el agua aumentaba nuestro consumo de rayos ultravioleta.

Mi mamá es pelirroja y les trasmitió su color de piel a sus hijos. Yo en realidad nunca me bronceé, simplemente me quemé. En aquella época mi piel recibía una quemadura sobre otra. Mientras el verano transcurría, me quemaba aun más. Pero debido a que amaba surfear, estar en la playa y estar con mis amigos, mis tres meses de quemaduras de sol parecían un pequeño precio a pagar.

Enfrentar la dura verdad

Comenzó como una pequeña espinilla en mi mejilla izquierda. No me preocupé mucho por ella, simplemente era una mancha que desaparecería pronto. No era gran cosa. Pero luego de unas pocas semanas, todavía estaba allí. Por el contrario, la pequeña espinilla se había vuelto más pronunciada y roja. Entonces, se hizo una úlcera y se abrió. Con el tiempo, sanó y se volvió a hacer úlcera. Dado que estaba a la mitad de mis treinta, yo sabía que no era un ataque de acné.

Llamé a un dermatólogo y pedí una cita. El doctor Dekkinga examinó la piel bajo mi ceja y en mi mejilla. Él determinó que lo mejor sería realizar una biopsia inmediatamente y descubrió que tenía una leve clase de cáncer de piel llamado carcinoma basocelular. Pedí una cita para realizar una cirugía micrográfica de Mohs. Cuando llegué, los médicos anestesiaron mi rostro, cortaron las manchas malas y me cosieron. Conduje con un par de parches de gasa en mi rostro y con la conciencia clara de que el daño causado a mi piel siendo un joven era más serio de lo que jamás había soñado.

el poder vivificante de la autoevaluación

El Dr. Dekkinga dejó muy claro que necesitaría verlo cada seis a doce meses... ¡por el resto de mi vida! Me gustara o no, los exámenes habituales de piel serían parte de mi ritmo de vida anual. Y además de esto, mi doctor me pidió que pusiera atención a cualquier brote, herida o decoloración inusual en mi piel. En efecto, me pidió que me convirtiera en mi propio médico, aprendiendo a reconocer los problemas de mi piel antes de que se volvieran serios.

Dado que yo estaría viendo al Dr. Dekkinga regularmente y confiándole mis asuntos de vida o muerte, decidí conocerlo mejor de una manera menos clínica. Salimos a almorzar, hablamos sobre la vida, el amor a Dios y el ministerio; y nos convertimos en buenos amigos con el pasar de los años. El Dr. Dekkinga (o Jack, como le llamo en la actualidad) se ha vuelto un amigo sabio y confiable.

Bajo su dirección, comencé un régimen de autoexámenes. Aproximadamente una vez a la semana, evalúo mi piel de pies a cabeza. Luego de dos años de estos autoexámenes, descubrí dos manchas más que me preocuparon. Llamé a la oficina de Jack y establecimos una hora en la que podía auscultarme y ver si valía la pena la preocupación.

¡Él se preocupó!

Luego de una biopsia, concluyó que necesitaba dos procedimientos Mohs más. Él programó la cirugía y pasamos por todo el proceso una vez más. Jack dibujó cuidadosamente un círculo alrededor del epicentro de cada problema en mi rostro. Entonces, con cuidado, cortó las áreas problemáticas. Finalmente cosió las heridas con hábiles manos.

Una vez más, habíamos llegado al problema mientras era pequeño y habíamos delimitado los problemas mayores que hubiera podido enfrentar si ignoraba las manchas en mi piel. Mi régimen de autoexámenes había dado fruto. Y es mejor que crean que hasta la fecha, de manera regular, constante y exhaustiva, examino mi piel. Si no lo hago, podría costarme la vida.

Convertir a los pacientes en dermatólogos

Jack se bebió a sorbos su café y me contó sobre cómo se volvió un dermatólogo. Su tío, un médico de la piel, tuvo un gran impacto en él. Pero lo que más escuché mientras oía su historia fue que él amaba ayudar a la gente y que la dermatología era su llamado, su pasión.

Mientras conversábamos, me impresionó un tema recurrente en su práctica. El Dr. Dekkinga no solamente quiere ayudar a la gente una vez que estén enfermas o tengan un problema. Él está comprometido a ayudarles a prevenir problemas serios de la piel. Él quiere ser un compañero para sus pacientes y los invita al proceso de salud personal.

Él me miró a los ojos y me dijo: «Yo puedo convertir a los pacientes en excelentes dermatólogos». De inmediato supe a lo que se refería. Él no estaba diciendo que esperaba que los pacientes hicieran su trabajo. Sin embargo, está comprometido a ayudarnos a hacer nuestra parte para mantener la salud personal. Mientras hablaba, me impactó que me hubiera estado entrenando por algunos años sin que yo lo supiera. Él había hablado sobre cómo mi piel se veía y sentía antes de llegar en busca de un diagnóstico. Él me había animado a que lo llamara tan pronto viera un problema en mi piel, o lo que es mejor aún, antes de que pudiera verlo. ¡Qué sabiduría!

No planeo convertirme en un dermatólogo profesional, pero puedo hacer un trabajo bastante bueno al identificar manchas y escamas basocelulares antes de que se conviertan en una importante amenaza para mi salud. Esta habilidad, que me enseñó un amigo confiable, me ha ahorrado más de una cirugía.

Es probable que no necesites evaluar la salud de tu piel cada semana como yo, pero necesitas reflexionar de manera regular en tu vida interior.

La autoevaluación es esencial en la vida de todo líder. Tus decisiones personales nunca son simplemente personales; tus decisiones y la condición de tu vida interior impactan a otros. Lo que hagas como líder, e incluso tus motivaciones, pueden afectar a tu familia, amigos y a toda la comunidad de la iglesia. Tu vida como líder alcanza a más gente de la que puedas imaginar.

¿Quién ausculta tu espalda?

Durante una de mis revisiones, el Dr. Dekkinga mencionó que yo debía hacer que mi esposa examinara mi espalda. No puedo tener una mirada cercana de lo que ocurre en mi espalda, pero mi esposa sí puede. Parece obvio, pero nunca había pensado en ello. Mi esposa podía salvarme la vida si identificaba un problema que yo no podía ver.

De igual manera, los líderes necesitamos personas que nos puedan ayudar a identificar áreas potencialmente problemáticas que no podemos ver. En un sentido, necesitamos gente que nos ame y nos respete como para decirnos: «Te cuido la espalda» y que en realidad lo sientan. Debemos tener el coraje de pedirles a otros que nos señalen los problemas que se están desarrollando en nuestra vida. Esto significa

el poder vivificante de la autoevaluación

que necesitamos la humildad para escuchar y aprender de aquellos que tienen un aventajado punto de vista respecto al nuestro. Somos más sabios cuando tenemos relaciones y redes que fortifican nuestra vida como líderes.

Los líderes saludables no solo practican la autoevaluación, sino que van más allá de la reflexión e invitan a otros a la profundidad de su alma. Los líderes que con el tiempo soportan las presiones del ministerio son aquellos que se rodean de gente que habla la verdad en amor. Los mejores líderes pedirán, incluso suplicarán a otros, que les muestren dónde necesitan crecer, dónde están quebrantados, dónde el pecado acecha en las oscuras esquinas de su corazón. Cuando tenemos puntos débiles, aquellos que están cerca de nosotros, que nos aman, pueden identificar áreas en las cuales necesitamos arrepentirnos, cambiar, crecer.

Una invitación a la autoevaluación

Año a año, vemos cómo líderes cristianos altamente dotados naufragan en sus vidas, familias, ministerios y negocios. Lo que les falta es una saludable y examinada vida interior. Esta es la pieza faltante en el liderazgo actual. Demasiados líderes invierten enormes cantidades de tiempo y dinero desarrollando una poderosa habilidad, pero olvidan nutrir y guardar su propia alma.

Al escribir este libro, lo hago con humildad, porque sé que estoy lejos de ser un modelo de líder de iglesia saludable. Soy una persona frágil, quebrantada y pecaminosa, que depende diariamente de la gracia de Jesús. No he perfeccionado las ideas en este libro. En lugar de ello, lo escribo como un compañero de viaje en el camino, para convertirme en un líder de iglesia saludable.

Mi oración es que las ideas vertidas en este libro nos ayuden a cada uno de nosotros a continuar con el glorioso llamado que Dios ha colocado en nuestra vida. Que nos hagamos eco de las palabras del apóstol Pablo.

> No es que ya lo haya conseguido todo, o que ya sea perfecto. Sin embargo, sigo adelante esperando alcanzar aquello para lo cual Cristo Jesús me alcanzó a mí. Hermanos, no pienso que yo mismo lo haya logrado ya. Más bien, una cosa hago: olvidando lo que queda atrás y esforzándome por alcanzar lo que está delante, sigo avanzando hacia la meta para ganar el premio que Dios ofrece mediante su llamamiento celestial en Cristo Jesús.
>
> —Filipenses 3:12-14

introducción

En este libro usaré algunas partes del cuerpo como una analogía para ayudar a enfocarnos en cómo practicar la autoevaluación en muchas áreas de nuestra vida. No podemos cubrir todas las zonas de la vida de un líder, pero oro para que el proceso de autoevaluación cubierto en este libro te ayude a desarrollar un proceso que puedas aplicar a cualquier punto de necesidad.

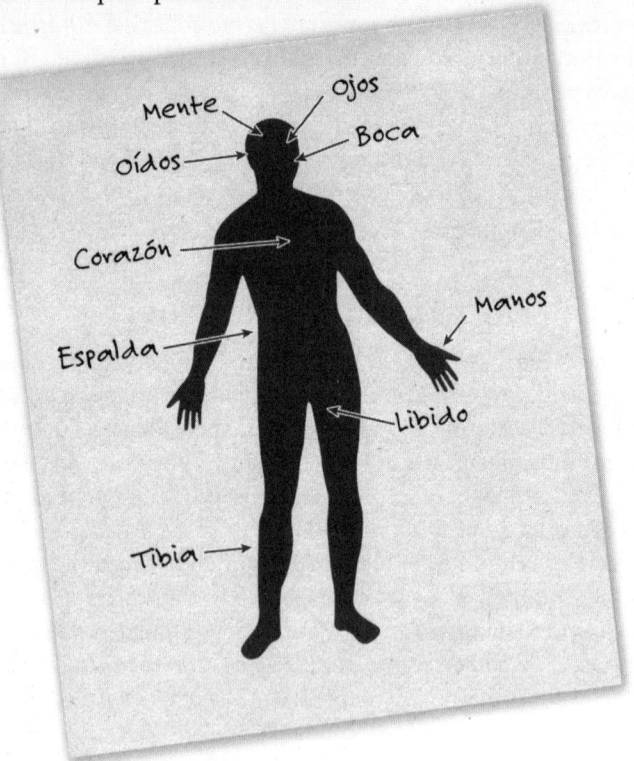

Si caminamos en sabiduría, podemos aprender a llevar a cabo autoevaluaciones regulares y a experimentar una transformación que traerá gozo y salud. Al leer este libro, no esperes una perspectiva monástica del desarrollo del alma que te saque del mundo y se enfoque únicamente en disciplinas como el estudio bíblico y la oración. El verdadero desarrollo del alma abarca cada parte de nuestra vida interior: crecimiento intelectual, pureza sexual, motivaciones para el servicio, la necesidad de descanso y mucho, mucho más. Necesitamos desarrollar un hábito de autoevaluación que abarque todo lo que somos.

La visión de este libro es asistirte mientras descubres la salud, la sabiduría y el gozo de liderar desde tu esencia, liderar desde aden-

el poder vivificante de la autoevaluación

tro hacia fuera. También apunta a proveerte las herramientas para la autoevaluación. Además, está escrito para ayudarte a descubrir maneras prácticas por medio de las cuales puedes forjar alianzas que te ayuden a vivir una vida examinada y saludable.

Forjado en el horno del ministerio verdadero

Yo soy un practicante, no un teórico. No escribo desde una torre de marfil, sino desde las trincheras del ministerio cotidiano. He estado inmerso en el servicio de la iglesia por casi tres décadas. ¡Amo la iglesia local! Con todas sus imperfecciones y rarezas, todavía es la novia de Cristo y la mejor esperanza para alcanzar al mundo con el amor de Cristo y que los creyentes alcancen la madurez.

La mayor parte de las ilustraciones y comentarios de este libro surgen de mis últimos trece años de ministerio en una congregación. Dado que escucharás mucho sobre la Iglesia Reformada Corinth en este libro, permíteme brevemente establecer el contexto respectivo.

Fui llamado a servir en esta iglesia en 1993. En mi primer domingo allí, ellos celebraban su centenario. La iglesia estaba compuesta por aproximadamente 250 personas que amaban a Jesús y tenían un corazón para ganar al mundo. Su deseo era compartir el amor de Dios con la comunidad, pero no estaban seguros de cómo lo iban a hacer. Así que cuando me comprometí a conducir a la iglesia, estuvimos de acuerdo en que haríamos todo lo que fuera necesario a fin de ser una iglesia para nuestra comunidad y el mundo, siempre y cuando no se menoscabara la Palabra de Dios. Lo que me ha sorprendido con el pasar de los años es que ellos han sabido mantener ese acuerdo.

Desde 1993 hasta el 2007, la iglesia Corinth ha pasado de ser una iglesia exclusivamente tradicional en su estilo de adoración, a tener múltiples servicios con múltiples estilos de adoración. También plantamos la Iglesia Comunitaria de Wayfarer y Dios está impactando muchas vidas a través de esta congregación hija. No soy una persona de grandes números, pero el crecimiento de la iglesia habla de esa parte de la historia. Cada número es una persona y Dios ha tocado muchas vidas a través de los años en Corinth. En la actualidad, la iglesia ministra a aproximadamente dos mil personas cada semana. En el año 2006, más de setenta personas hicieron un compromiso con Jesucristo por primera vez en sus vidas y fueron incorporadas a la vida de la iglesia. El personal de la iglesia ha crecido, de cuatro personas a más de treinta (cinco a tiempo completo y el resto a medio tiempo). Hemos incorporado tres edificios que albergan: un centro de adoración que puede acoger a más de mil personas (y expandirse hasta dos mil), un centro de niños, un centro de jóvenes para estudiantes de bachillerato y otro para estudiantes de los últimos años de educación básica, un nuevo complejo de oficinas y espacio para la educación de adultos. A pesar de toda esta enorme transición, ha habido una asombrosa unidad en la iglesia. Más del noventa por ciento de aquellos que eran parte de la iglesia en 1993 están todavía gozosamente conectados, sirviendo y adorando.

El liderazgo nunca funciona de manera aislada. Este perfil de la iglesia Corinth te dará una imagen del escenario ministerial que dio a luz a mucho de lo que está escrito en este libro. La imagen se volverá más clara mientras lo leas. Tu escenario ministerial es único y tu estilo de liderazgo crece a partir de la persona que Dios te ha hecho. Pero muchas de las lecciones en este libro pueden ser adaptadas a tu vida y al contexto de tu liderazgo en la medida que el Espíritu Santo hable a tu corazón.

Ayuda en el camino

Aprender a vivir una vida auténtica y examinada exige opciones diarias que sean consecuentes con los deseos de Dios para nosotros. A fin de ayudarte a dar los pasos en la dirección correcta, encontrarás cinco herramientas a lo largo de este texto. Cada una de ellas te ayudará a modelar nuevas formas de pensar, vivir y relacionarte. Te apoyarán a la hora de construir una vida examinada, así como también a descubrir maneras en las que puedes invitar a otros para ayudarte a mantenerte firme en la visión de Dios para ti.

1. *Sugerencias de autoevaluación.* A lo largo de este libro, encontrarás recuadros titulados «Sugerencias de autoevaluación», las cuales dan ideas para practicar una autoevaluación. Estas ideas pretenden ser puntos de inicio para reflexionar, así como también para poner en práctica. Utilízalas como una plataforma de lanzamiento a fin de desarrollar patrones y disciplinas que te lleven a la salud y te ayuden a evitar escollos en el ministerio. Algunas de estas sugerencias serán nuevas para ti; otras son tan antiguas como la iglesia y la Palabra de Dios. Por medio de todas ellas, el Espíritu Santo puede transformar tu vida.
2. *Te cuido la espalda.* Debido a que no podemos ver cada parte de nuestra vida con claridad, necesitamos gente que

el poder vivificante de la autoevaluación

cubra nuestra espalda. Necesitamos establecer el hábito de invitar a otros a advertirnos cuando estamos en un camino inseguro, cuando nuestras actitudes son pobres y cuando nuestras acciones son peligrosas. Debido a nuestra habilidad pecaminosa para racionalizar, necesitamos acompañarnos de aquellos que nos hablen con la verdad y nos desafíen a dar los pasos necesarios para llevar una vida que honre a Dios. A lo largo de este libro, encontrarás recuadros titulados «Te cuido la espalda» que te sugerirán maneras de invitar a otros a tu vida, a un nuevo nivel de intimidad y responsabilidad.

3. *Conocimientos médicos.* Las personas prudentes se hacen revisiones médicas de manera regular con el fin de detectar problemas de salud antes de que se vuelvan críticos. Muchos doctores recomiendan que sus pacientes, de manera constante, se practiquen un autoexamen para mantener una buena salud. Aquellos que se rehúsan a escuchar esta recomendación de sus doctores lo hacen bajo su propio riesgo. Asimismo, los líderes que no practican una autoevaluación y no permiten a otros que los mantengan atentos están poniéndose en peligro. Dado que los doctores saben mucho sobre lo prudente de realizarse revisiones regulares y sobre el cuidado preventivo, entrevisté a unos cuantos para aprender sobre esta sabiduría. Cada uno de los recuadros de «Conocimientos médicos» en este libro ofrece pensamientos sobre el cuidado preventivo para nuestra alma.

4. *Construir redes.* No podemos liderar aisladamente. Somos sabios al construir una red de personas que nos ayuden a liderar en maneras que honren a Dios y bendigan a otros. Los recuadros «Construir redes» de este libro dan ejemplos de dichas redes. Estas historias se han obtenido de numerosas fuentes, incluyendo el personal y la congregación de la Iglesia Reformada Corinth, pastores de grupos pequeños de los que he sido parte, redes de amigos y mi familia. Aunque este libro es básicamente sobre el liderazgo innovador en la iglesia, las redes que construimos más allá de la iglesia tienen un gran impacto en todo lo que hacemos y en quiénes nos convertimos, es por eso que he incluido ejemplos de esto también.

introducción

5. *Ayuda de mis amigos.* Mientras escribía este libro, contacté a algunos líderes a quienes respeto y en quienes confío. Primero les pedí que hablaran de algunos pensamientos sobre cómo nutrir su vida interna para poder permanecer internamente saludables. Luego los invité a describir cómo forman líneas de responsabilidad y construyen redes que los fortalecen, mientras sirven a Cristo y a su iglesia. Encontrarás los pensamientos de estos sabios líderes en los recuadros titulados «Ayuda de mis amigos».

También, los capítulos del uno al nueve comienzan con un breve diario. No se supone que estos sean exclusivamente mis pensamientos, aunque yo he sentido mucho de lo que está registrado en estas reflexiones. Son expresiones de lo que los líderes de iglesias sienten en diferentes etapas de su vida y ministerios. He tenido el placer de interactuar con muchos líderes a lo largo de mi ministerio. A través de estas conversaciones, he escuchado del dolor, los desafíos y los gozos que los líderes experimentan. Estas palabras de apertura surgen de dichas interacciones y espero que al leerlas descubras una expresión sincera de las cosas que tú sientes en los varios períodos de tu ministerio.

Dios está buscando líderes que tengan el coraje de observar profundamente dentro de su alma e identifiquen las áreas de peligro. Él también está deseoso de líderes que sean sinceros cuando han cruzado líneas y se han vuelto cómodos viviendo en un pecado oculto. El hacedor del cielo y la tierra está dispuesto a rehacer nuestro corazón, restaurar nuestra alma y darnos nuevos comienzos. Él está llamando a los líderes para que tengan el coraje y la humildad para construir redes y relaciones que sean transparentes y provean responsabilidad. Sus ojos están sobre ti y sobre mí. Con tierno y poderoso amor, él está ofreciendo una nueva manera de liderar: desde la esencia, desde adentro hacia fuera.

capítulo 1

El amor fortalece toda relación

El corazón de un líder

Hay días, semanas e incluso meses en que el latido de mi corazón está débil, es casi demasiado leve como para ser escuchado, incluso por el estetoscopio espiritual de Dios. Si la verdad fuera conocida, si la gente pudiera ver dentro de mí, ¡estaría impactada! En estos momentos, no estoy inspirado ni por el amor ni por el noble sentido del llamado de Dios; simplemente estoy pasando cada día, tratando de hacer mi trabajo y orando para que Dios vuelva a encender el fuego. Y espero que nadie note que estoy a un latido del paro cardíaco espiritual. Oh Dios, busca en mi corazón. Vuelve a encender en mí un amor por ti y por los demás que me lleve a un ministerio inspirado, apasionado y fructífero. Oro para que fortalezcas mi corazón.

> Ama al Señor tu Dios con todo tu corazón, con toda tu alma, con toda tu mente y con todas tus fuerzas [...] Ama a tu prójimo como a ti mismo. No hay otro mandamiento más importante que estos.
>
> —Marcos 12:30-31

> Jesús recorría todos los pueblos y aldeas enseñando en las sinagogas, anunciando las buenas nuevas del reino, y sanando toda enfermedad y toda dolencia. Al ver a las multitudes, tuvo compasión de ellas, porque estaban agobiadas y desamparadas, como ovejas sin pastor.
>
> —Mateo 9:35-36

> Me buscarán y me encontrarán, cuando me busquen de todo corazón.
>
> —Jeremías 29:13

La Navidad del año 2004 fue diferente a cualquier otra. La mayoría de mis años de vida adulta celebré el nacimiento de Jesús con mi esposa y mis tres hijos. Aquellas fueron gloriosas ocasiones de reuniones familiares, intercambios de regalos, servicios a la luz de las velas y juegos en la recién caída nieve de Michigan.

Pero ese año mi atención estaba a tres mil doscientos kilómetros de distancia. Me subí a un avión en un apresurado viaje al Condado de Orange. Mi papá estaba muriendo.

Los doctores dijeron que la operación de su corazón podía matarlo. Pero ninguna operación sería una sentencia de muerte. Él decidió hacerse la cirugía y que todos sus hijos estuviéramos reunidos alrededor de su cama de hospital, junto a él y mamá. Oramos por su corazón, por los doctores, por una gran obra de Dios en su vida y por sanidad. Por la gracia de Dios, a través de las fieles oraciones y las manos de un apto equipo médico, mi papá superó la cirugía y su corazón se volvió más fuerte de lo que había sido por muchos años.

Durante el invierno de 2004, fui confrontado con una simple y profunda realidad. Cuando el corazón deja de latir, la vida termina. Yo siempre supe esto, pero me llegó de una manera nueva. Mientras estaba parado mirando a mi padre acostado en una cama de hospital, lo sentí personalmente.

Lo que es verdad sobre nuestro corazón, también es verdad en referencia a nuestra vida espiritual y a nuestro llamado como líderes. Si nuestro corazón deja de latir, morimos. Tristemente, los líderes pue-

el corazón de un líder

den enmascarar la realidad de que sus corazones están enfermos. En ocasiones, incluso podemos engañarnos a nosotros mismos, creyendo que nuestro corazón está latiendo fuerte. Es posible predicar, llevar a cabo reuniones de junta, dirigir una organización y aparentar tener mucha vida largo tiempo después de haber tenido un paro cardíaco espiritual. Todos hemos sabido que podemos continuar a través de los movimientos del liderazgo con un corazón vacío. El amor es el latido de nuestro corazón y, muy a menudo, nuestro latido es más débil de lo que queremos admitir.

¿Cómo está tu corazón? ¿Es fuerte y saludable? ¿Es débil y tambaleante? ¿Ha dejado de latir completamente?

Chequeo de síntomas
Mi corazón es débil

- ☐ Ministro más por deber que por amor a Dios.
- ☐ Puedo pasar días e incluso semanas sin sentarme a los pies de Jesús, alimentarme de su Palabra o hablar con él en oración.
- ☐ Cuando preparo mensajes, mi mente está siempre enfocada en lo que los otros aprenderán y la verdad de la Escritura rara vez impacta mi corazón o agita mi pasión.
- ☐ Cuando lidero en oración u oro con otros, las palabras le suenan correctas al observador casual, pero se sienten falsas y vacías para mí.
- ☐ Veo a la gente en mi iglesia o ministerio como una distracción para el cumplimiento de mi trabajo.
- ☐ Me encuentro estructurando mi vida de tal forma que me aíslo de la gente.
- ☐ Me he vuelto tan ocupado haciendo el trabajo de la iglesia, que no me queda tiempo para conectarme con los buscadores espirituales.
- ☐ No puedo recordar la última ocasión en que derramé una lágrima por el perdido.

el amor fortalece toda relación

Un corazón apasionado

La pregunta era maliciosa, disparada a Jesús como una bala. Era una prueba, no el inicio de una conversación. «Maestro, ¿cuál es el mandamiento más importante de la ley?» (Mateo 22:36). Jesús respondió: «Ama al Señor tu Dios con todo tu corazón, con toda tu alma y con toda tu mente» (v. 37). Jesús enfatizó que todo otro mandamiento viene después de este. Mientras estamos buscando cumplir este llamado, no podemos hacer ninguna otra cosa de manera eficaz.

Ayuda de mis amigos

¿Qué haces para permanecer conectado a Dios?

Hace algunos años, comencé dos sencillas prácticas que han marcado una gran diferencia en mi vida espiritual y en todo el sentir y fluir de mi día. Primero, al despertarme me pongo de rodillas sobre la cama. No permito que mis pies toquen el piso, porque entonces comenzaría a correr tras todas mis tareas del día. Soy una persona mañanera, y cuando comienzo, me puedo olvidar de poner primero lo primero. Así que voy directo a ponerme de rodillas y hablo con Dios. Esta conversación puede durar treinta segundos, unos pocos minutos, o en ocasiones algo más. He notado a lo largo de los años que esta práctica me ha ayudado a examinar mi vida y a mantener una buena vigilancia de lo que en realidad está pasando en mi corazón. Esta sencilla disciplina se ha convertido en una demostración física, al inicio de mi día, de cómo debo seguir. Yo ansío que mi corazón se incline y que Dios esté primero.

Segundo, me dirijo hacia la silla de mi estudio y abro mi Biblia. Paso unos pocos minutos leyendo un corto pasaje y meditando en la Palabra de Dios. Sé que me sentaré más tarde ahí y tendré más tiempo para estudiar la Biblia, pero esto es solo una oportunidad de calibrar mi corazón y mente para el resto del día.

—Sherry Harney, autora y conferencista.

el corazón de un líder

Un corazón apasionadamente enamorado de Dios es el punto de inicio de un ministerio y una vida saludables. Esta es la razón por la cual Jesús advierte a la iglesia de Éfeso (y a todo el pueblo de Dios hasta la fecha): «Tengo en tu contra que has abandonado tu primer amor. ¡Recuerda de dónde has caído! Arrepiéntete y vuelve a practicar las obras que hacías al principio. Si no te arrepientes, iré y quitaré de su lugar tu candelabro» (Apocalipsis 2:4-5).

Cuando Dios ya no es nuestro primer amor, nuestra vida de liderazgo está en peligro. Cuando otras cosas, incluso cosas buenas, tienen supremacía en nuestro corazón, estamos en territorio peligroso.

Es muy fácil para los líderes cristianos permitir que otras cosas se conviertan en nuestro primer amor. Casi imperceptiblemente, la aguja de nuestro corazón puede alejarse del verdadero norte y, antes de darnos cuenta, nos hemos enamorado de un ídolo falso. A menudo, aquello que sustituye al primer amor parece noble, incluso honra a Cristo, pero es una ilusión que mata el corazón.

Piensa en algunas de las tentaciones que claman por el primer lugar en nuestro corazón:

- Construir un ministerio exitoso y siempre en crecimiento.
- Ser amados por las personas a quienes servimos y mantenerlas felices.
- Hacernos de un nombre.
- Hacer suficiente dinero para proveernos a nosotros y a aquellos que amamos.
- Sentirnos importantes y valiosos en nuestro propio corazón.
- Amar y servir a la gente en nuestras iglesias o ministerios.

Las cosas que pueden reemplazar a Dios como nuestro primer amor no siempre son malas. Ellas se vuelven poco saludables únicamente cuando ocupan el primer lugar en nuestro corazón. Los líderes que planifican servir a Dios fielmente por toda una vida aprenden a identificar cuándo son tentados a permitir que algo más se convierta en su primer amor. Estamos construyendo vidas y ministerios saludables cuando nos aseguramos de que Dios goza del dominio absoluto y nuestro corazón late apasionadamente por él. Cuando su gloria es nuestro gozo, cuando nuestro corazón late con el suyo, cuando él domina sin rival, crecemos saludablemente como líderes.

el amor fortalece toda relación

Construir redes
El poder de la oración

Por más de una década, los pastores e internos de la iglesia Corinth se han reunido cada lunes por la mañana para buscar el rostro de Dios en oración. Antes de echar a andar la semana, nos reunimos a hablar con nuestro Salvador. En el primer día de la nueva semana, siempre hay otras cosas que hacer que parecen más urgentes, pero nadie es más importante. En este tiempo, hemos reído y llorado. Hemos compartido gozos y cargas. Hemos inclinado nuestros corazones y cedido nuestra voluntad al Padre. Al pasar de los años, se ha vuelto el ritmo de nuestra alma. Si hay un día feriado o la gente está de viaje y nos saltamos el tiempo de oración del lunes por la mañana, tenemos una sensación de pérdida, porque este tiempo se ha vuelto el núcleo de nuestra semana.

Este tiempo de oración en red para dar inicio a cada semana nos ayuda a recordar nuestra primera prioridad y nuestra pasión primaria, el objetivo de nuestro corazón y ministerios. Si nuestro corazón está profundamente enamorado de Dios y él es nuestra pasión, la dirección de nuestra semana de ministerio tendrá un norte verdadero. En diferentes ocasiones me he reunido para este tiempo de oración con una mala actitud y sintiéndome alejado de Dios. Pero al orar juntos, mi corazón a menudo ha sido recapturado por Dios y mi enfoque reajustado.

Hay algo maravilloso, dador de vida y que cambia la perspectiva cuando oras con otros. Mientras otros hablan con Dios su fe se desborda y toca nuestro corazón. El Espíritu Santo usa estos sagrados momentos para instalarse en los corazones de aquellos que están reunidos. Un lunes por la mañana, durante nuestro tiempo de oración, la oración de Warren Burgess me inspiró a amar a Jesús más apasionadamente. Me sentí tan conmovido que escribí estas palabras.

Él oró: «Oh Señor, entre más caminamos contigo, más descubrimos que somos niños. Te necesitamos. Necesitamos unos de otros». Mientras Warren oraba, lo miré, como había hecho en tantas ocasiones anteriores. Sus manos estaban abiertas y sus palmas hacia arriba, moviéndose suavemente, como en un gesto que se usa al hablar con un amigo. Su cabeza estaba reverentemente inclinada y sus ojos estaban bien cerrados, como si estuvieran fijos en un rostro lejano, pero al mismo tiempo muy cercano.

Yo vi a un pequeño hijo hablando con su padre. Este precioso hombre, de casi ochenta años de edad, ama a Dios con una contagiosa y natural ferocidad. Cuando oramos juntos aquel día, mi amor por Dios creció más.

Como líderes, conectarnos con Dios de manera más intencional e íntima es nuestro punto de partida; es el fundamento de todo lo que hacemos en el ministerio. Cuando nos enamoramos más profundamente de Dios con el pasar de cada día, todo en nuestra vida está conducido por esta sencilla realidad: Dios me ama y yo amo a Dios.

Amar a la gente a la que estamos llamados a liderar

Yo admito que he dicho esto en más de una ocasión. Lo digo como un chiste, pero retrata una dolorosa realidad. Estoy un poco avergonzado de escribirlo, pero aquí está: «¡El ministerio sería fácil si no fuera por la gente!»

En mis años de ministerio en la iglesia, he tenido mi cuota de encuentros dolorosos, cartas desagradables, acusaciones injustas y dolores de cabeza. A menudo he pensado que no hay nada más satisfactorio que ser un líder en una iglesia, y que tampoco hay nada más doloroso. Cuando abrimos nuestro corazón a aquellos que lideramos, cuando amamos a la gente, cuando nos sacrificamos, cuando nos entregamos, corremos el riesgo de quemarnos. No conozco a un solo líder cristiano que haya cruzado el camino sin ser criticado.

Debido a que yo interactúo regularmente con líderes cristianos de todos los Estados Unidos y otras partes del mundo, he descubierto que algunos lidian con el dolor del ministerio cerrando su corazón. Levantan una pared, un amortiguador emocional para protegerse de ser lastimados una vez más. Siguen haciendo el trabajo que se espera de ellos. Marcan todos los casilleros en su lista de cosas diarias por hacer. Predican sermones, dirigen grupos de jóvenes, se reúnen con las personas, las miran directamente y asienten con sus cabezas durante

el amor fortalece toda relación

las conversaciones, pero ellos se han salvaguardado. Han cerrado su corazón.

Comprendo esto porque me he sentido tentado a hacer lo mismo. En diferentes ocasiones, he protegido mi corazón con la armadura del cinismo y la fosa de la distancia emocional. Cuando me encuentro a mí mismo respondiendo de esta forma, me motivo a aumentar mis esfuerzos para amar a la gente, incluso cuando esto pueda implicar dolor personal. Invito al Espíritu Santo a recordar los maravillosos momentos que he experimentado en mis años de trabajo ministerial en la iglesia. Fijo mis ojos en Jesús y recuerdo cómo él sirvió, amó y se sacrificó por esa misma gente que lo puso en la cruz.

Necesitamos recordar que justo después del llamado de Jesús a amar a Dios con todo lo que tenemos en nosotros, él dijo: «Este es el primero y el más importante de los mandamientos. El segundo se parece a este: "Ama a tu prójimo como a ti mismo". De estos dos mandamientos

Construir redes
Haz espacio para las bendiciones

En la iglesia Corinth es una tradición que el personal principal lleve a cada miembro del personal a almorzar por su cumpleaños. Durante ese almuerzo, cada persona alrededor de la mesa dice palabras de bendición dirigidas al homenajeado. Los miembros del personal reflexionan en el año que ha pasado y expresan su aprecio por cómo Dios ha usado a esa persona, por cómo han crecido o por la manera en que han tocado vidas. Cuando al principio comenzamos esta práctica, algunos de los miembros del personal se sentían muy incómodos siendo el centro de la atención. En particular, Barb Velhdeer y Debi Rose se abochornaban, sonrojaban y luchaban por permanecer sentadas al recibir tal prodigiosa afirmación. Pero este se ha convertido en un tiempo profundamente apreciado que cada persona del equipo de trabajo espera y disfruta.

dependen toda la ley y los profetas» (Mateo 22:38-40). Jesús comprendía que una auténtica relación con Dios conduce a un profundo amor por la gente. Estos dos mandamientos son inseparables. Y si no somos cuidadosos, podemos olvidar este llamado a amar profundamente a la gente que lideramos. Cuando olvidamos las palabras de Jesús y simplemente buscamos hacer el trabajo del ministerio, podemos pasar por alto el hecho de que a Dios le importa la gente.

La película *Corazón Valiente* retrata dos visiones de liderazgo dramáticamente contrastantes. Por un lado, está William Wallace, el líder del ejército escocés. Aunque hay nobles en la tierra, ellos están más preocupados por su posición, tierras y riquezas que por la gente. Pero Wallace ha inspirado a las personas y ellas le siguen a una batalla tras otra. La palabra operativa es seguir. Wallace es siempre el primero en el campo de batalla. Él ama a la gente y a su nación. Él lucha a su lado y sangra con ellos.

Luego de una épica batalla, durante la cual las fuerzas escocesas marcharon ante el invasor ejército inglés, los nobles decidieron que sería conveniente nombrar caballero a Wallace y comisionarlo. Todos ellos tienen vínculos con Eduardo el Zanquilargo, el rey de Inglaterra. Ellos no tienen una visión de una Escocia libre, pero están más preocupados por cubrir sus dolores de cabeza políticos.

Luego de nombrar caballero a Wallace, comenzaron a objetar los derechos ancestrales y trataron de involucrar a Wallace en sus batallas internas. Él se rehúsa a ser parte del juego. A medida que el ambiente se deteriora en el salón, él y su grupo de líderes centrales comienzan a salir. Los nobles le preguntan a dónde va y se desarrolla el siguiente diálogo:

William Wallace: —Hemos vencido a los ingleses, pero ellos regresarán porque ustedes no se mantendrán juntos.
Nobles: —¿Qué harás tú?
Wallace: —Invadiré Inglaterra y venceré a los ingleses en su propio terreno.
Nobles: —¿Invadirlos? Eso es imposible.
Wallace: —¿Por qué? ¿Por qué es eso imposible? Están tan preocupados riñendo por las migajas de la mesa del Zanquilargo, que se han olvidado del derecho dado por Dios a algo mejor. Hay una diferencia entre nosotros. Ustedes piensan que la gente de este país existe para proveerles

el amor fortalece toda relación

de posición. Yo pienso que su posición existe para proveer a esa gente de libertad, y me voy a asegurar de que la tengan.

Las palabras de Wallace descubren una siniestra motivación en el corazón de los nobles. Ellos veían a la gente como escalones para avanzar en su posición. No amaban a la gente. Wallace les recuerda que tal vez, solo tal vez, ellos habían sido puestos en su lugar de liderazgo para que pudieran entregarle algo a la gente. Seguramente su autoridad e influencia debería obligarlos a servir a aquellos que lideraban.

Otro ejemplo de liderazgo se suscita más adelante en la película. El Zanquilargo, el rey de Inglaterra, está a la cabeza de sus fuerzas. Él no se involucra en la batalla, no desenfunda su espada, ni siquiera se arriesga a rasguñar su cuerpo. En lugar de ello, se mantiene al margen de la lucha, a una distancia segura y da órdenes.

La batalla tiene sus altos y bajos, hasta que los ingleses tienen la ventaja. Desde su lugar seguro, el Zanquilargo mira el campo de batalla. Es claro que los soldados ingleses están derrotando a las fuerzas escocesas e irlandesas. Entonces, el rey dice una palabra: «¡Arqueros!». Él llama a su comandante para que ordene a los arqueros enviar una lluvia de flechas al campo de batalla.

El capitán dice: «Perdón. Señor, ¿no van a alcanzar a nuestras tropas?».

El Zanquilargo responde: «Sí, pero también los alcanzará a ellos», y como un pensamiento posterior, murmura: «Tenemos reservas». Entonces dice nuevamente la palabra: «¡Arqueros!». La bandera está elevada y el capitán mueve su brazo. Una lluvia de flechas cae, alcanzando a las tropas irlandesas, escocesas e inglesas.

Cuando la escena termina, el Zanquilargo se da la vuelta para retirarse y dice: «Envíen noticias de nuestra victoria. ¿Nos retiramos?».

A lo largo del intercambio, este hombre carece de pasión. Resulta claro que no se preocupa por la gente que ha «guiado» en la batalla. Ellos son peones en su tablero de ajedrez militar. Son prescindibles. El Zanquilargo no ama a esta gente.

Como líderes, debemos asegurarnos de no llegar a ver a la gente que lideramos como piezas de una maquinaria o peones en un tablero de ajedrez. No podemos permitir que nuestro corazón se vuelva frío o distante. Si vamos a liderar como Jesús, debemos permitirle al peligroso poder del amor llenar nuestro corazón. No podemos volvernos como los nobles de *Corazón Valiente*, que ven a la gente como medios para mantener su propia posición, o incluso para ensalzarse.

En años recientes, he observado algo que no había visto nunca antes en la iglesia. Yo lo denomino el Síndrome de la Estrella de Rock. Hay una nueva generación de líderes de iglesia que son tratados como estrellas de rock. Ellos son ensalzados. Son exaltados. Son las estrellas del show. Cuando la gente viene a la iglesia y la Estrella de Rock no está presente, la «audiencia» se siente engañada. Uno puede sentir que si este líder deja la iglesia, muchos de los asistentes también la dejarán. Las multitudes no están ahí para comprometerse en la vida del Cuerpo de Cristo. Ellos no están para descubrir sus dones y servir fielmente. Ellos han venido a probar el sabor del mes.

Me preocupo a medida que este fenómeno se propaga, debido a que a estos líderes parece gustarles e incluso incitan su «intocable» estatus. Estos líderes construyen un foso entre ellos y la gente de la iglesia. Es más, su equipo de trabajo no puede acceder a una conversación o a una oración con ellos. Son inalcanzables.

Ser un líder cristiano es un negocio peligroso. Implica abrir nuestro corazón, amar a la gente, sacrificarse y ponerse en riesgo de sufrir un gran dolor. Pero no hay otra manera de ser líder. Esta es la forma de Jesús. Él amó tanto a la gente que lideró que entregó su vida. Nosotros también debemos liderar con esta clase de amor.

Sugerencias de autoevaluación
¿Qué clase de líder es?

¿Soy un líder como Wallace, como los nobles, o como el Zanquilargo? Tómate un tiempo para reflexionar sobre esta pregunta. Sé sincero al ver tu vida de liderazgo, tus motivaciones y cómo te relacionas (o no te relacionas) con la gente.

♣ *Un líder como Wallace.* ¿Soy el primero en el campo de batalla? ¿Trabajo y lucho hombro a hombro con la gente que lidero? ¿Está la gente entregada a mí porque saben que los amo y que daría mi vida por ellos?

continúa ↪

el amor fortalece toda relación

> ♣ **Un líder como los nobles.** ¿Veo a la gente que lidero como medios para ayudar a mantener mi posición? ¿Trato a la gente como escalones para que yo avance? ¿Siento que la gente que lidero en realidad no confía en mí porque pueden ver que me preocupo más por mí mismo que por ellos?
>
> ♣ **Un líder como el Zaquilargo.** ¿Me mantengo al margen, fuera de la batalla, y permito que la gente que lidero haga el trabajo duro? ¿Veo a la gente como si fueran prescindibles, como peones en el tablero de ajedrez del ministerio? ¿He permitido que mi corazón se endurezca tanto que no me importa que la gente que lidero esté herida, quebrantada o exhausta?

Un corazón indulgente

«Pedro se acercó a Jesús y le preguntó: —Señor, ¿cuántas veces tengo que perdonar a mi hermano que peca contra mí? ¿Hasta siete veces? —No te digo que hasta siete veces, sino hasta setenta y siete veces —le contestó Jesús» (Mateo 18:21-22). Los líderes cristianos están llamados a amar a Dios y a aquellos que lideran. No hay mejor laboratorio para aprender a amar que el ministerio. Tampoco existe mejor lugar para aprender el arte del perdón que la vida en la iglesia. La iglesia está llena de gente. La gente está quebrantada y es pecaminosa. Pasa el suficiente tiempo en la iglesia y serás lastimado. Y cuando estés curando las heridas y todavía sintiendo el agudo dolor provocado por un hermano o hermana, escucharás la voz de Jesús llamándote al perdón.

Cuando Jesús fue injuriado, él no tomó represalias. Cuando fue objeto de burlas, él oró por perdón. Cuando el Salvador fue negado en tres ocasiones por Pedro, él se levantó de la muerte y llamó a Pedro de vuelta a su lado y a desempeñar un ministerio fructífero. Nadie pasa mucho tiempo en el ministerio sirviendo a Dios y a su pueblo sin quemarse. Cuando llegamos a estas encrucijadas emocionales y espirituales, debemos decidir si vamos a caminar por el sendero del perdón o si vamos a permitir que nuestro corazón se vuelva frío y asuma una postura de «nunca más».

Debido a que el dolor y un corazón quebrantado son parte del ministerio, es posible que todo líder cristiano se vuelva enojado, herido, sínico y aislado. Si no aprendemos la sabiduría y el poder del perdón, nuestro corazón morirá y nosotros nos convertiremos en las costras de los líderes que Dios quiere que seamos. Yo aprendí esta lección tempranamente en mi ministerio.

Una de mis más dolorosas lecciones en el liderazgo se presentó poco después de graduarme en el seminario y comenzar a trabajar en una iglesia como líder y pastor a tiempo completo. Me pidieron que estuviera en un comité que trabajaba con los estudiantes de seminario entrantes que se estaban entrenando para un ministerio a tiempo completo. Una de nuestras responsabilidades era determinar si los estudiantes tenían necesidades financieras.

En mi primera reunión, este grupo revisó cuatro solicitudes de ayuda financiera de un fondo denominacional especial. Años antes, una iglesia había cerrado y colocado todos sus ingresos en este fondo especial, el cual debía ser usado para ayudar a entrenar a futuros pastores y líderes de la denominación. Cada solicitud fue manejada rápida y eficientemente; todo estudiante con necesidad que planificaba dedicarse al ministerio en nuestra denominación recibiría dos mil dólares al año. Debido a que mi esposa y yo habíamos luchado financieramente a lo largo de nuestros años en el seminario, resultaba gozoso aprobar el entregar dinero a estos seminaristas.

Luego de haber hecho estas aprobaciones, le comenté al jefe del comité que yo hubiera deseado que este fondo hubiese estado disponible los últimos tres años, porque tanto mi esposa como yo habríamos calificado para estas subvenciones y podríamos haber pedido diez mil dólares menos en préstamos estudiantiles.

Yo había asumido que este fondo acababa de instaurarse. Cada año de los que estuve en el seminario le había preguntado a mi pastor si existía alguna fuente de apoyo para los estudiantes de seminario en necesidad. En cada ocasión en la que le pedí ayuda, recibí un discurso sobre cuán duras eran las cosas cuando él estaba en la escuela. Él me dijo que debería «aprender a comer frijoles fríos de una lata». (Todavía no estoy seguro de la forma en que mi carácter crecería si dejaba los frijoles en la lata y me resistía a calentarlos). Él me había asegurado, en muchas ocasiones, que no había apoyo disponible (de la iglesia o de la denominación) y me dijo que necesitaba aguantar, endurecerme y comer muchos frijoles… fríos, de ser posible.

el amor fortalece toda relación

Cuando me senté con los miembros del comité, me quedé atónito al escuchar al presidente decir: «Este fondo ha estado vigente por más de una década». Yo estaba mudo del asombro. Verás, el lugar al que yo había sido destinado en el comité estaba previamente ocupado por nada menos y nada más que mi pastor durante los últimos tres años. En una conversación privada, le pregunté al presidente si existía alguna posibilidad de que esta persona no hubiera sabido sobre la disponibilidad de estos fondos para mí y mi esposa, y le confesé que nosotros habíamos luchado profundamente durante el seminario. (Habíamos vivido muy por debajo del nivel de la pobreza esos últimos tres años). Él me aseguró que mi amigo y compañero en el ministerio había votado para ofrecerle este dinero a muchos otros estudiantes en los últimos tres años.

Yo estaba entristecido.

Estaba enojado.

Me sentía enfermo del estómago.

El presidente del comité trató de consolarme y genuinamente investigó la posibilidad de darnos este apoyo retroactivamente como pago por nuestros préstamos estudiantiles. Pero la decisión fue que al hacerlo se establecería un mal precedente. Yo pasé el mal trago y decidí considerar esto como una lección aprendida.

A partir de esto, me comprometí a hacer todo lo posible por ayudar a los estudiantes del seminario a terminar la universidad con una deuda mínima.

También aprendí a perdonar a alguien que me había hecho daño. Tuve que decidir si iba a alimentar mi amargura o si iba a encontrar una manera de perdonar. Fue una batalla. Sinceramente pensé en la posibilidad de no perdonarle. Pero por la gracia de Dios y a la sombra de la cruz, elegí el perdón.

Trabajamos juntos por algunos años y experimentamos un fructífero ministerio. Si yo no hubiera elegido perdonarle, habría estado lleno de resentimiento e ira. En lugar de ello, me permití preguntarme por qué él sintió la necesidad de vernos luchar. No estuve de acuerdo con la forma en que me había manejado, pero lo perdoné. Decidí tratarlo como si nunca me hubiera hecho daño. También reconocí que esta falta de amabilidad no era característica de cómo él me trataba. En general, era muy amoroso y me brindaba su apoyo. Aunque nunca entenderé por qué me ocultó un apoyo potencial, fui capaz de servir hombro a hombro con este hermano y encontrar gozo en nuestro compañerismo.

Si nuestro corazón va a ser saludable y fuerte, aprenderemos a perdonar. No hay duda de que tendremos muchas oportunidades para hacerlo. La decisión es nuestra.

> ## Te cuido la espalda
> ### Ayúdame a perdonar
>
> El perdón sana. La falta de perdón mata. Reúnete por separado con dos personas en tu ministerio que te amen y en quienes confíes. Hazles las siguientes preguntas, pidiéndoles que sean sinceros contigo:
>
> ♣ ¿Hay alguien que me haya lastimado y que tú sientas que yo no haya perdonado completamente?
> ♣ ¿Qué me recomiendas hacer para restaurar esta relación y perdonar a esa persona?
> ♣ ¿Conoces a alguien a quien yo haya lastimado y deba pedirle perdón?
>
> Escucha atentamente a estas dos personas, ora por su aporte y busca la reconciliación.

Un corazón por los perdidos

Compasión. Eso fue lo que marcó la vida de Jesús. Fíjate en el corazón del Salvador: «Jesús recorría todos los pueblos y aldeas enseñando en las sinagogas, anunciando las buenas nuevas del reino, y sanando toda enfermedad y toda dolencia. Al ver a las multitudes, tuvo compasión de ellas, porque estaban agobiadas y desamparadas, como ovejas sin pastor» (Mateo 9:35-36). Este es un preludio a la declaración de Jesús de que «la cosecha es abundante, pero son pocos los obreros». Y a su llamado a que nosotros pidamos «al Señor de la cosecha que envíe obreros a su campo» (vv. 37,38). El corazón de Jesús estaba roto por aquellos que no habían recibido todavía su asombrosa gracia y experimentado el amor del Padre.

Como líderes cristianos, debemos ser un reflejo del corazón de nuestro Salvador. Esto significa que debemos permitir que nuestro corazón se quebrante por aquellos que están perdidos. Nuestro corazón debería estar tan conmovido que nos sintiéramos obligados a orar y entrar en el campo de cosecha. Un indicador de que nuestro corazón está latiendo fuerte es cuando estamos movidos por la compasión y alcanzamos a aquellos que todavía no son parte de la familia de Dios.

Muchos líderes están tan ocupados en sus iglesias o en sus ministerios que no tienen tiempo para conectarse con aquellos que no conocen a Jesús. Podemos aislarnos al punto en el que casi no nos relacionamos con gente que está perdida. Necesitamos escuchar el llamado de Jesús para orar por los obreros en el campo. Y necesitamos consagrarnos a la obra de esta Gran Comisión.

Sugerencias de autoevaluación

Date tiempo

Imprime una copia de tu trabajo y agenda personal de la última semana y de la siguiente semana. Toma dos resaltadores de diferente color. Con un resaltador marca todo el tiempo de la semana pasada que utilizaste en hacer trabajo para la iglesia o conectarte básicamente con gente que ya conoce a Jesús. Luego, con el otro resaltador, señala el tiempo que pasaste básicamente con aquellos que están fuera de la familia de Dios. Evalúa si estás de manera intencional pasando un tiempo considerable con gente que no tiene todavía una relación con Jesús.

Después, fíjate en la siguiente semana. Señala las ocasiones en las que planificas hacer trabajo de la iglesia y estar con personas creyentes. Con el otro resaltador, marca las ocasiones que has reservado para ir a los campos de cosecha y conectarte con aquellos que están espiritualmente desconectados. Si este ejercicio muestra que necesitas pasar más tiempo con aquellos que todavía no son de la familia de Dios, haz cambios en tu agenda. Si encuentras este ejercicio útil, hazlo a la siguiente semana y conviértelo en parte regular de tu planificación.

el corazón de un líder

En la iglesia Corinth, llevar a cabo esta revisión regular y preguntarnos unos a otros por la gente en nuestras vidas a quienes estamos buscando alcanzar, se ha convertido en parte de nuestra planificación. En las reuniones del personal, a menudo nos tomamos tiempo para hablar sobre la gente que rodea nuestra vida y está desconectada espiritualmente. Cada vez que hablamos sobre estas personas, suceden tres cosas:

1. Permitimos y motivamos al personal a dedicar tiempo de sus vidas y un espacio en su corazón para los perdidos.
2. Invitamos a todo el grupo a orar unos por otros en el área de la evangelización personal.
3. Creamos un sentido de responsabilidad colectiva en nuestro alcance personal.

Jesús estaba lleno de compasión por aquellos que estaban perdidos y vagando como ovejas sin pastor. Su corazón estaba quebrantado por ellos. Si debemos tener el corazón de Jesús, necesitamos darnos tiempo para conectarnos con aquellos que están lejos de Dios. En la medida en que pasemos tiempo forjando una relación cercana con la gente perdida, en la medida en que les amemos, estaremos motivados a hablar de la maravillosa gracia que hemos experimentado.

Construir redes
Compra estratégica

Si te das cuenta de que tu agenda está apretada y simplemente no tienes tiempo para conectarte con la gente fuera de tu ministerio, una manera de comenzar es convertirte en un comprador estratégico. Señala un tiempo para comprar gasolina, víveres e incluso comidas en el mismo lugar. Al hacerlo, ¡tómate tu tiempo! Fíjate en las personas que trabajan detrás del mostrador o te sirven en la mesa. Ora por ellos. Pídele a Dios que te dé un corazón por esta gente. Fíjate en los distintivos con su nombre o pregúntales cómo se llaman. Construye relaciones que puedan volverse redentoras con el tiempo. Estarás asombrado de cuán rápido te comienzas a preocupar por otros y cuán libremente ellos hablarán de sus vidas y necesidades contigo.

el amor fortalece toda relación

Con el pasar del tiempo, el personal en la iglesia Corinth ha cenado frecuentemente en una cierta cantidad de restaurantes cerca de nuestra iglesia. A medida que construimos relaciones con muchos de los propietarios y trabajadores de estos lugares, cosas hermosas sucedieron. Uno de los restaurantes decidió abrir un servicio de almuerzo y cena tipo bufé e hicieron pequeñas pancartas escritas a mano para cada ítem del menú. En poco tiempo, estas se destrozaron. Así que nuestro equipo de oficina tomó un menú, hizo una pancarta bonita para cada ítem y la laminó. Luego, las pusimos todas en una pequeña caja en orden alfabético. Cuando les entregamos este pequeño obsequio a los propietarios, ellos estaban abrumados. Ofrecieron pagarnos, pero nosotros les dejamos saber que les amábamos y que sencillamente deseábamos servirles y ayudarles en su negocio.

Cuando cenamos afuera, a menudo tenemos la oportunidad de orar por quien nos sirve o por algún otro empleado. Una vez que hemos establecido una amistad, resulta natural preguntarles si hay algo en sus vidas por lo cual podamos orar. Ellos saben que somos «trabajadores de la iglesia» y esperan esta clase de cosas. Cuando lo sentimos apropiado, alguien de nuestro personal puede decir: «Antes de servirnos nuestra comida, hacemos una oración corta. Si tienes una necesidad que te gustaría compartir con nosotros, nos encantaría orar por ti». Casi todas las veces, la persona habla libremente; y a menudo, de manera sorpresiva, lo hace muy profundamente. En la mayoría de los casos, vuelven a trabajar después de haber hablado y nosotros oramos por ellos y nuestros alimentos. No obstante, también hemos tenido personas que comparten una necesidad y se paran junto a la mesa mientras oramos. Incluso unos pocos han tomado la mano de un miembro de la iglesia mientras ponemos de manifiesto su necesidad. Con el pasar de los años, algunas de las necesidades por las cuales hemos orado han abarcado niños enfermos, fortaleza para dejar de fumar, matrimonios rotos, ayuda para reconectarse con Dios e incluso un nuevo trabajo (por este último, hemos orado en voz muy baja).

En nuestra discusión sobre la anatomía de un líder, pudimos haber comenzado por otras partes del cuerpo, pero el corazón siempre es primero. Cuando nuestro corazón late fuerte, el resto de nuestro cuerpo puede obtener vida. Cuando nuestro corazón está débil, es difícil ser saludable en cualquier otra área del liderazgo. Cuando nuestro corazón siente pasión por Dios, ternura por aquellos que lideramos, disposición para perdonar y compasión por los perdidos, estamos en el camino hacia un liderazgo saludable.

capítulo 2

Los aprendizajes de vida expanden nuestros horizontes
La mente de un líder

Mi vida es ocupada... muy ocupada. La mayoría de las semanas tengo más ítems en mi lista de cosas por hacer de los que puedo cumplir. Yo acumulo las cosas para la siguiente semana, me sacudo las que no son urgentes y corro como una enfermera de emergencia colocando vendas en las peores heridas para que nadie sangre en mi turno. El lujo de leer un libro, incursionar en algún nuevo tópico de estudio, o sentarse serenamente y reflexionar en la Palabra de Dios en búsqueda de la edificación personal es a menudo desplazado por las necesidades apremiantes que enfrento cada día. En la tranquilidad de la noche, cuando pongo mi tambaleante mente en la cama, deseo más. En todo mi quehacer, servicio y ministerio, sinceramente anso pensar de manera profunda en las cosas de Dios, sentarme a los pies de Jesús, ejercitar esta cada vez más débil mente mía, para que pueda ser un instrumento digno del Dios al que sirvo.

los aprendizajes de vida expanden nuestros horizontes

> Por último, hermanos, consideren bien todo lo verdadero, todo lo respetable, todo lo justo, todo lo puro, todo lo amable, todo lo digno de admiración, en fin, todo lo que sea excelente o merezca elogio.
>
> —Filipenses 4:8

> ¡Cuánto amo yo tu ley! Todo el día medito en ella. Tus mandamientos me hacen más sabio que mis enemigos porque me pertenecen para siempre.
>
> —Salmo 119:97-98

No puedo recordar el haber visto la Biblia mientras crecía. Mi familia no asistía a la iglesia y el concepto de leer las «Sagradas Escrituras» no estaba en nuestro radar. Cuando me convertí en un seguidor de Jesús en mis años adolescentes, yo era una hoja en blanco. Había aprendido la historia básica del evangelio escuchándola al pastor de jóvenes de la iglesia a la cual había comenzado a asistir, pero eso era todo. Yo no tenía idea de que Navidad o la Pascua tuvieran algún significado religioso. El único texto bíblico del que había oído o que podía reconocer era la narración del nacimiento de Jesús, tal como lo citaba Linus en el Show Navideño de Charlie Brown, que aparecía en la televisión cada año. Todavía recuerdo la primera vez que leí el Evangelio de Lucas y me di cuenta de que cuando Linus estaba explicándole el verdadero significado de la Navidad a Charlie Brown, él estaba citando la Biblia. Estaba impactado.

Chequeo de síntomas

Mi mente es débil

- ☐ Me encuentro reciclando mensajes e ilustraciones porque no tengo nada que decir.
- ☐ Cuando termino mis actividades diarias, estoy tan agotado que todo lo que puedo hacer es sentarme frente a la televisión y aislarme.

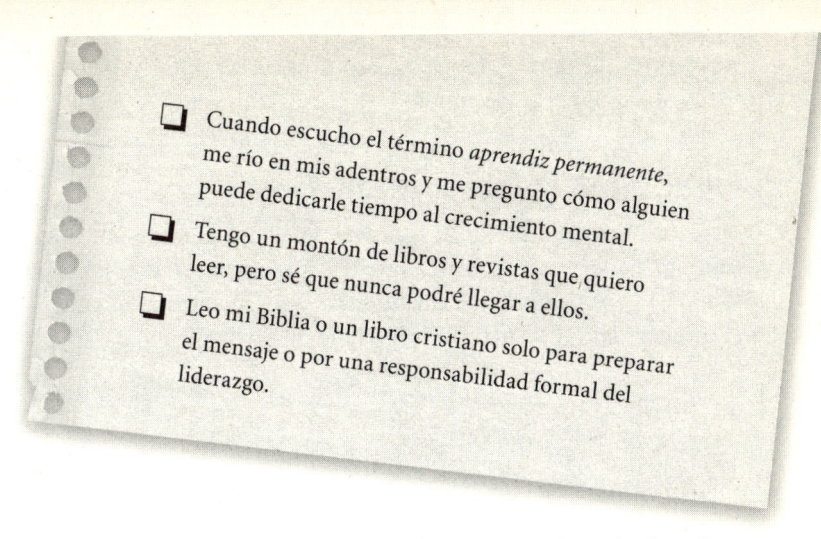

> ❑ Cuando escucho el término *aprendiz permanente*, me río en mis adentros y me pregunto cómo alguien puede dedicarle tiempo al crecimiento mental.
>
> ❑ Tengo un montón de libros y revistas que quiero leer, pero sé que nunca podré llegar a ellos.
>
> ❑ Leo mi Biblia o un libro cristiano solo para preparar el mensaje o por una responsabilidad formal del liderazgo.

La semana en que me convertí en cristiano, la vida de mi mente cambió... drásticamente. Recibí mi primera instrucción en el crecimiento espiritual. Se me entregó una Biblia. Era una Biblia de Estudio RSV Harper de tapa dura. Según recuerdo, nunca había tenido una Biblia en mis manos antes. Ciertamente nunca se me había dado una que fuese de mi propiedad, ni se me había motivado a leer este texto antiguo. Yo solo era un muchacho de quince años de edad que había llegado a la fe en Jesús y uno de los líderes voluntarios universitarios decidió que necesitaba una Biblia.

Esta es una sinopsis de mi entrenamiento. Él me entregó esta Biblia nueva y me dijo: «Ahora que eres cristiano, se supone que debes leer esto cada día». Yo le aseguré que lo haría y empecé. En aproximadamente tres meses, me dirigí al joven que me había dado la Biblia y le pregunté qué debía leer a continuación. Él me preguntó hasta qué parte había llegado en mi Biblia y yo le respondí: «Ya la terminé».

Estaba listo para mi siguiente tarea. Él pareció un poco sorprendido, se quedó pensativo y dijo: «Léela nuevamente».

Sé que aquellos que tienen un profundo entrenamiento en la teoría del discipulado encontrarían cuestionable esta rudimentaria forma de instrucción, pero pienso que para mí, en realidad fue buena. Hice lo que él me dijo. Leí la Biblia una vez más y he seguido haciéndolo desde entonces. Cada año, trato de leer una versión o paráfrasis diferente. He amado la narrativa vívida, he luchado con complejos temas teológicos, he sido desafiado por la penetrante y convincente verdad, confundido por los temas históricos y contextuales e impactado por el derramamiento de sangre, he sido transportado a la presencia de Jesús y transformado por esta misteriosa Palabra de Dios.

El lugar de la Palabra de Dios

Casi treinta años después, tengo más preguntas que cuando me volví un seguidor de Jesús. Pero también tengo más respuestas de las que jamás soñé. Puedo decir honestamente que estoy comenzando a entender el corazón del salmista cuando escribió:

> ¡Cuánto amo yo tu ley!
> Todo el día medito en ella.
> ¡Cuán dulces son a mi paladar tus palabras!
> ¡Son más dulces que la miel a mi boca!
> De tus preceptos adquiero entendimiento;
> por eso aborrezco toda senda de mentira.
> Tu palabra es una lámpara a mis pies;
> es una luz en mi sendero.
> —Salmo 119:97, 103-105

La Biblia es el libro que más te abre la mente en la historia humana. Debido a que es inspirada por Dios (2 Timoteo 3:16), da vida, esperanza, poder y dirección a aquellos que la leen. Este libro ha dado forma a las mentes de los líderes por miles de años. Aquellos que la leen y escuchan la suave voz del Espíritu de Dios encontrarán la sabiduría que necesitan para las incontables y desafiantes situaciones que enfrentan en su papel de liderazgo.

Las prioridades importan

Puede parecer extraño leerles una exhortación a los líderes cristianos a comprometerse con la lectura de la Biblia. Pero a mí se me ha recordado en muchas ocasiones cuán fácil es olvidarse de esta disciplina. Descubrí esto siendo un pastor joven, cuando se me pidió ser parte de un equipo que mentoreaba y apoyaba a líderes emergentes. Un grupo de ocho estudiantes del seminario estaba siendo entrenado en las congregaciones locales durante sus estudios. Comencé a reunirme con este enérgico y apasionado grupo a fin de crear una red de apoyo para ellos mientras cursaban su entrenamiento formal.

Construir redes
Hacer de la Palabra de Dios una prioridad

Nuestro equipo de primera línea de la iglesia Corinth se reúne cada miércoles para planificar, orar, conectarnos y asegurarnos de que estamos caminando juntos en el ministerio. Una de las cosas que hemos hecho con los años es mantenernos unos a otros responsables del crecimiento espiritual. En particular, hemos convertido en una prioridad el ayudarnos mutuamente a ser fieles en la lectura de la Biblia. Con el pasar de los años, lo hemos hecho de diversas formas. Estos son algunos ejemplos:

♣ Cada persona cuenta lo que ha estado leyendo en la Palabra de Dios durante la semana pasada y nos dice una forma en la que Dios le ha hablado en su estudio personal de la Biblia.
♣ Cada persona mantiene un registro diario de su lectura bíblica y se lo entrega a un pastor cada semana.
♣ Cada persona lleva un diario de su lectura y aprendizaje y, a manera de responsabilidad, comenta lo que está haciendo con otro miembro del equipo de trabajo.
♣ Seguimos un plan de lectura (un año avanzamos a lo largo del Antiguo Testamento) y compartimos lo que estamos aprendiendo.

Estos son solo unos pocos ejemplos. El formato ha cambiado con el pasar de los años, pero siempre hemos considerado una prioridad el asegurarnos de que los líderes clave de la iglesia estén inmersos en la Palabra de Dios.

Al comienzo, estábamos sentados en un restaurante llevando a cabo un tiempo de interacción informal cuando, de manera casual, le pedí al grupo que hablara sobre lo que estaban aprendiendo a medida que estudiaban la Palabra de Dios. Unos cuantos comenzaron a hablar sobre lo que estaban aprendiendo en clase y en su preparación para la prédica o enseñanza de las clases dominicales. Yo interrumpí y clarifiqué: «Lo que quise decir es, ¿qué están aprendiendo al leer la Palabra de Dios para su propio crecimiento espiritual?».

los aprendizajes de vida expanden nuestros horizontes

La mesa quedó en silencio y recibí ocho miradas en blanco.

Tuvimos una fascinante conversación sobre la diferencia entre estudiar la Biblia para el crecimiento espiritual personal y hacerlo para la enseñanza de otros. Concluimos que leemos la Biblia de manera diferente cuando nos estamos preparando para enseñar, predicar o instruir. Estuvimos de acuerdo en que leer la Biblia por el solo propósito del desarrollo del alma se siente diferente y da otra clase de fruto. Las dos clases de lectura son necesarias en la vida de un líder. Desafortunadamente, somos a menudo medidos por el fruto de nuestro estudio formal y nadie parece notar si leemos la Biblia para el crecimiento personal.

En nuestra conversación, un comentario muy interesante captó mi atención. Un joven dijo: «Siempre he tenido mis devocionales y he leído la Biblia para mi propio crecimiento espiritual. Creo que es muy importante. Pero estoy en el seminario y también trabajo en una iglesia. Estoy demasiado ocupado actualmente. Cuando termine el seminario y trabaje en la iglesia, cuando mi horario finalmente baje de ritmo, restableceré un hábito de lectura de la Biblia para el crecimiento personal». Les pregunté a los otros miembros del grupo si estaban en una situación similar. Al unísono, ellos admitieron haber puesto sus estudios bíblicos personales a un lado mientras estudiaban en el seminario. Cada uno de ellos planificaba retomar esta disciplina luego de su entrenamiento formal.

Estaban impactados cuando les dije: «Este es el mayor tiempo libre que jamás tendrán. Cuando comiencen su ministerio, estarán más ocupados de lo que están ahora». Hablamos sobre por qué es importante hacer de los estudios bíblicos personales parte de nuestro ritmo diario en todas las épocas de la vida. Y el grupo se comprometió a orar unos por otros y mantenerse responsables en cuanto a la lectura regular de la Biblia para su propia edificación, tanto mientras estaban en el ministerio como después de este.

Los líderes cristianos, particularmente aquellos en el ministerio de la iglesia, a menudo se ven tentados a sustituir el tiempo para alimentarse del sabroso banquete de la Palabra de Dios por la preparación de las lecciones. Esto resulta problemático, porque nuestra mente y corazón se entonan de manera diferente cuando nos estamos preparando para enseñar a otros. Nuestra «audiencia» está al frente de nuestra mente, como debería ser. No hay duda de que los líderes aprenden mucho en esas ocasiones, pero obtenemos diferentes clases de perspectivas. Por valioso que sea este aprendizaje, no es un sustituto del tiempo apartado para encontrarnos con Dios cara a cara y pedirle al Espíritu que nos diga lo que quiere decirnos.

Los líderes que desean experimentar un proceso continuo de crecimiento mental son prudentes al hacer tiempo en sus agendas diarias para apartarse de todas las distracciones y sentarse ante los pies de

> ## Ayuda de mis amigos
> ### ¿Cómo nutres tu alma y te conectas con Dios?
>
> Diariamente, necesito estar conectada de cerca a Dios, pasando tiempo con él por medio de la oración y su Palabra. Por años, he usado el excelente Calendario bíblico diario de Robert Murray McCheyne para que me guíe en mi lectura devocional. Antes de leer, simplemente pido: «Dios, ¿podrías revelarte mientras leo?». Luego leo interactivamente con él y me conecto con Dios por medio de una oración conversacional.
>
> —Nancy Grisham, PhD, líder de evangelización, Livin' Ignited

Jesús. Para algunos, un silencioso tiempo a solas a primera hora en la mañana resulta perfecto. Para otros, el mediodía o la tarde funcionan de maravilla. Cualquiera sea la hora del día que designes, asegúrate de que sea un tiempo de primera, que la mente esté fresca y las distracciones sean pocas. Los líderes que de manera regular se encuentran con Dios, abren la Palabra y escuchan en oración receptiva, encontrarán que sus mentes se expanden con una rica verdad y se preparan para los desafíos por venir.

Permite a otros que influyan en tu vida

Dado que a menudo resulta un reto hacer tiempo para estas reuniones santas con Dios, es útil construir líneas de responsabilidad. En la iglesia Corinth, hemos fortalecido la construcción de redes de la junta de la iglesia. En lugar de iniciar nuestras reuniones mensuales con una oración hecha a la ligera para luego meternos de cabeza en los asuntos, dedicamos la primera hora de nuestra tarde a participar en un grupo pequeño de oración y reflexión de la Palabra. En la tradición de nuestra iglesia, la junta está conformada por ancianos, diáconos y pastores. Cada mes, estos líderes pasan tiempo en grupos de cinco o seis para discutir una serie de preguntas de mutuo aprendizaje y rendición de cuentas:

1. *¿Cuántos días a la semana has pasado leyendo la Palabra de Dios y buscando el rostro de Dios en oración?* Cada líder recibe una hoja para mantener un registro de su tiempo personal con la Palabra de Dios.
2. *¿Qué lección aprendiste de tu estudio bíblico personal este mes?* Esto le da a cada líder la oportunidad de enseñar a los otros miembros del grupo pequeño. También les permite a los otros miembros del grupo la oportunidad de recibir una perspectiva de los otros cuatro o cinco líderes a quienes respetan.
3. *¿De qué manera has buscado servir y amar a un miembro de tu familia en el último mes?* Deseamos ayudar a nuestros líderes a hacer de la familia una prioridad, y esta pregunta genera la oportunidad de apoyarles en estas áreas de su vida.
4. *¿De qué manera podemos orar por ti?* Esto nos conduce a un tiempo de oración mutua por las necesidades personales, familiares, ministeriales y de trabajo.

La junta de nuestra iglesia ha llegado a amar este tiempo mensual de rendición de cuentas, apoyo y aprendizaje mutuo. Algunos de ellos han dicho que saber que van a dar un reporte sobre el tiempo que invierten en los estudios bíblicos personales los ha incentivado a niveles más profundos de compromiso. Ellos también han dejado claro que sus vidas espirituales y su eficacia como líderes han crecido con la ampliación de su conocimiento de la Palabra de Dios. Algunos han dicho que escuchar a otros narrar sobre sus jornadas de aprendizaje en la Biblia los ha desafiado a indagar más profundamente en este glorioso libro.

la mente de un líder

Una de las cosas que aprendimos en el desarrollo de los líderes de nuestra iglesia es que un compromiso para ser un estudioso de la Palabra de Dios resulta esencial para una máxima eficacia. A medida que nuestros líderes crecen en el conocimiento de la Palabra, su potencial de liderazgo se amplía. Otro beneficio de este compromiso es un nivel más alto de unidad en nuestras reuniones. Siempre hemos tenido un fuerte sentido de misión común, pero dado que nuestros líderes se alimentan de la verdad de la Escritura y se elevan unos a otros en sus disciplinas espirituales, alcanzamos nuevos niveles de enfoque visionario. Reuniones que de otra forma podrían haberse sentido trabajosas y tensas resultan gozosas y llenas de paz. Y por alguna razón, aunque nos tomamos una hora para hablar y orar, nuestras reuniones no demoran tanto como solían hacerlo.

Ayuda de mis amigos
¿Cómo nutres tu alma y te conectas con Dios?

Hace diez años, un amigo me llamó, y durante nuestra conversación, se quejó diciendo que no se sentía cercanamente conectado a Dios. Le dije sin tapujos: «¿Y de quién es la culpa?». Y entonces le indiqué: «Está bien, para el próximo viernes, ambos leamos los primeros seis capítulos de Mateo». Lo llamé a la siguiente semana y él estaba muy emocionado. Su conexión con Dios se había fortalecido. Le dije: «Leamos los siguientes seis capítulos de Mateo y te llamaré el próximo viernes». Trece años después, hemos leído toda la Biblia en tres ocasiones y estamos por empezar la cuarta. Los dos estamos cercanamente conectados a Dios. Como bonificación, nuestro programa de lectura bíblica de cuatro años se ha expandido. Ahora, dos mil personas de la iglesia Faith se han unido a nosotros. La conexión con Dios es asombrosa. Los correos electrónicos, las conversaciones y notas de cambios de vida son increíbles. ¡Adelante, Dios!
—Bob Bouwer, pastor principal de la Iglesia Faith, Dyer, IN

Una asociación natural

Los líderes sabios saben cómo potenciar cada relación como una herramienta para el crecimiento espiritual. Mi esposa y yo hemos descubierto el tremendo valor de ayudarnos unos a otros a crecer en el amor y el conocimiento de la Palabra de Dios. Al inicio de nuestro matrimonio, tratamos de sentarnos juntos a estudiar la Biblia. Honestamente, aquello no funcionó muy bien. La mayoría del tiempo terminábamos analizando el texto y la experiencia resultaba más académica que devocional. Tanto Sherry como yo tenemos personalidades fuertes, ambos somos líderes apasionados y tenemos títulos del seminario. Yo sé que muchas parejas comparten enriquecedores momentos de estudios devocionales, pero ese no era nuestro caso. Sin embargo, estábamos convencidos de que el crecimiento espiritual como pareja era importante, así que nos mantuvimos trabajando en él.

Con el tiempo, descubrimos cómo inspirar mutuamente y de la mejor manera el crecimiento del amor por la Palabra de Dios. Cada noche, pasamos tiempo reflexionando y contando lo ocurrido en nuestro día. Una de las cosas que buscamos hacer es hablar sobre lo que aprendimos en nuestro estudio bíblico personal. No puedo recordar cuántos conocimientos y lecciones transformadoras de vida he aprendido al escuchar a Sherry hablar sobre lo que Dios le está enseñando cuando estudia la Biblia. Yo también estoy seguro de que Dios usa los conocimientos que le doy para formar su vida. Cada uno de nosotros ha encontrado que este ritmo de reflexión y reporte informal ha contribuido a la curva de nuestro crecimiento espiritual.

Comprometido a un aprendizaje para toda la vida

He dejado de hacer la pregunta.

Solía hacerla cada vez que conocía a otro líder. Deseaba aprender de ellos, así que quería exprimir su cerebro con una serie de preguntas. Pero he quitado esta en particular de mi lista de inquietudes.

A menos que conozca bien a la persona y esté seguro que tiene una respuesta, le ahorro el bochorno. Dejé de hacer la pregunta porque recibí demasiadas miradas en blanco, observé a demasiados dirigir la vista hacia el piso y escuché demasiadas explicaciones incómodas sobre cómo «las cosas han estado en verdad ocupadas últimamente».

La pregunta es: «¿Qué has estado leyendo durante el último tiempo?»

la mente de un líder

Solía descubrir que muchos líderes estaban siempre involucrados en un libro o dos. Aprendía mucho de las subsecuentes conversaciones que teníamos sobre lo que ellos estaban aprendiendo de sus lecturas, y a menudo salía a obtener una copia de un libro que me recomendaban.

Recuerdo haber conocido a un fascinante líder con una formación menonita mientras regresaba a casa desde la Costa Oeste. Él elogió los libros de Gene Edwards *Perfil de tres monarcas* y *El prisionero de la tercera celda*. Cuando más adelante leí estas historias hermosamente escritas sobre el rey David y Juan el Bautista, ellas tocaron mi corazón y me hablaron de la soberanía de Dios, la necesidad de humildad que tiene un líder y la necesidad de confiar en Jesús sin importar qué enfrentemos. Después de leer estos dos libros, me puse a buscar el resto de la obra de Edwards y encontré ciertos libros útiles, incluyendo *How to Prevent a Church Split* [Cómo prevenir la división de una iglesia]. Esta reflexión directa y visceral sobre el costo espiritual de las sangrientas divisiones de la iglesia ha tenido un gran impacto en cómo trato con los conflictos y la tensión en la iglesia. Estoy muy agradecido de haberme cruzado en el camino con un líder que estaba comprometido a ser un aprendiz permanente.

Es importante que ejercitemos nuestra mente. Supongo que predico lo que tú ya sabes. ¡Estás leyendo este libro ahora! Quiero bendecirte, afirmar que eres de un linaje especial y motivarte a continuar con este compromiso de ser un aprendiz. Hurgar en los libros es una de las mejores maneras para seguir creciendo como líder. Hay una riqueza de aprendizaje al alcance de nuestras manos si simplemente elegimos un libro que valga la pena y lo leemos. El desafío es encontrar libros útiles en una época en la que parece haber más publicaciones que nunca. ¿Cómo encontramos textos teológicos que merezcan nuestro tiempo, libros clásicos sobre disciplinas espirituales que hablen a nuestro corazón hambriento, libros sobre liderazgo de autores cristianos y seculares que deben ser leídos, comentarios útiles y llenos de conocimientos, novelas que enciendan nuestra imaginación y expandan nuestro pensamiento y otros libros que nos amplíen la mente?

Un líder sabio debe descubrir dónde encontrar oro intelectual en la creciente montaña de libros. No podemos leer todo, así que debemos identificar los mejores lugares donde hurgar. Una excelente manera de descubrir libros útiles es desarrollando una red de amigos líderes que sean lectores apasionados. Permitir a los colegas y amigos que te den dirección puede ahorrarte tiempo y dinero. No todos los libros que te recomienden darán en el blanco, pero muchos sí lo harán.

los aprendizajes de vida expanden nuestros horizontes

Construir redes
Crear un equipo de recursos

Tal vez es una alianza informal, pero tengo una red de personas que me ayudan a ampliar mi mente por medio de su sugerencia constante de «debes leer este» libro.

Mi equipo cruza generaciones, género y continentes. Los líderes sabios construirán un grupo ecléctico de amigos aprendices que los animen. Estos son algunos jugadores clave que han estado en mi equipo:

Persona	Ministerio y contexto personal	Áreas en las cuales esta persona me influencia
Dr. Charles Van Engen	Enseña teología de misiones mundiales en el Seminario Fuller	Misiones, teología y visión mundial
Sherry Harney	Autora, conferencista y mi esposa	Formación espiritual y oración
Todd Van Ek	Pastor de iglesia y miembro de un grupo pequeño de pastores conmigo	Liderazgo y administración de iglesia
Lammert Vrieling	Líder plantador de iglesia en Ginebra, Suiza	Tendencias culturales emergentes, negocios y cambios sociales
Lee Strobel y Mark Mittelberg	Autores y compañeros en el desarrollo de estrategias de evangelización	Evangelismo, apologética y cambios sociales.
Adam Barr	Ex interno en Corinth, actualmente líder de Borderlands Ministries	Temas de puntos de vista mundial y lecturas en general
Ryan Pazdur	Ex interno y actual miembro del equipo de trabajo de la iglesia Corinth	Comentarios

la mente de un líder

> Todas estas personas me influencian cuando hablan sobre lo que están aprendiendo en sus estudios y cuando me recomiendan lecturas. Uno de los miembros de este equipo, Todd Van Ek, a menudo resalta las secciones más importantes de un libro que él ha leído, luego las escribe y se las lee a los amigos. He analizado una cierta cantidad de libros leyendo las notas de Todd. Lamert Brieling me recomendó leer *La Frontera del Éxito* de Malcom Gladwell. Este libro se convirtió en una de las fuerzas influyentes cuando escribí el libro *Seismic Shifts* [Cambios Sísmicos]. La influencia de este grupo a la hora de darle forma a mi mente es difícil de calcular.

Dado que muchos líderes no son lectores comprometidos, es esencial que aquellos que deseen ser aprendices permanentes identifiquen a otros que se muestran apasionados por nutrir el mundo de la mente. Cuando encuentres amigos como estos, incluso si viven a miles de kilómetros de distancia, mantén esas relaciones. Son preciosos regalos.

Ejercicios mentales

Leer no es la única manera para llegar a ser un aprendiz permanente. Me enfoco en ello porque parece ser una disciplina menguante. Estas son algunas otras sugerencias:

Conferencias y seminarios. Vivimos en una época en la que hay más conferencias disponibles para nosotros que en cualquier otro momento de la historia. Hay reuniones sobre prácticamente todo tema imaginable. Aunque se necesita tiempo y dinero para asistir, esta clase de experiencias, si eliges las correctas, son estupendas inversiones. No solo aprendes de ellas, sino tienes la oportunidad de conectarte con otros líderes que piensan igual que tú y usualmente te dejan con una enorme cantidad de ideas, recursos y libros para estudios posteriores.

los aprendizajes de vida expanden nuestros horizontes

Revistas, periódicos, portales de Internet y blogs. Complementa tu dieta de libros con otra forma de literatura. Un periódico local o nacional y la portada de la mayor parte de los buscadores de Internet ponen a un líder en contacto con temas importantes sobre política, cultura, moda, deportes y cualquier otra cosa que esté en la mente de aquellos que sirven. Suscribirse a un puñado de revistas puede ayudarte a mantener el pulso en cuanto a los pensamientos y tendencias de la iglesia y la sociedad. Y recorrer algunos blogs selectos puede abrirte ventanas a la condición humana.

Películas y programas de televisión. Algunos líderes cristianos han apagado su televisor y boicoteado las películas. Esto puede ser útil para algunas personas, pero los líderes que quieren tener sus mentes sintonizadas a las corrientes de la cultura hacen bien en seleccionar lo que pueden ver en la televisión y las películas. Sin embargo, no estoy abogando por el voyerismo disfrazado de investigación cultural. Una vasta cantidad de basura está siendo producida y los líderes necesitan proteger sus mentes contra la tentación de ver lo inapropiado. Pero los líderes que quieren interactuar de manera significativa con el mundo necesitan estar familiarizados con las tendencias de los medios de comunicación.

Clases de educación continua. La mayoría de los líderes viven lo suficientemente cerca a una universidad o seminario para asistir a clases de manera ocasional. En muchos casos, el costo es nominal. Asistir a clases da la oportunidad de construir relaciones, informarte de nuevas ideas y reforzar el aprendizaje pasado. Si no vives cerca de un instituto de educación superior, puedes aprovechar las cada vez mayores opciones de educación continua en Internet.

Grupos de conversación. Algunos líderes aprenden bastante bien a través de la discusión informal y el humor. Esta forma interactiva de aprender es a menudo requerida en la universidad, el seminario u otro escenario de educación formal. Sin embargo, es practicada en pocas ocasiones después de que uno «deja la universidad». Los grupos de conversación son pequeñas reuniones de gente que acuerda reunirse para estudiar y profundizar en un tema por un período de tiempo. El elemento clave de aprendizaje en un escenario como este es la interacción con el grupo.

la mente de un líder

Demasiados líderes les dan a sus mentes un giro neutral después de que empiezan sus vidas profesionales a tiempo completo. Debido a que están ocupados, cansados de la escuela o simplemente no quieren lidiar con ella, su compromiso por ampliar su mente es, por decir lo menos, anémico. Algunos creen que cuando termina su educación formal han alcanzado todo el aprendizaje necesario para el resto de la vida. Desafortunadamente, se están perdiendo el crecimiento personal, beneficios para la iglesia y el gozo de ser un aprendiz permanente.

Yo incluso sugiero que los líderes lean libros escritos por autores que desafían su punto de vista y los perturban. Encuentro que leer libros de alguien que está al otro lado de la cerca en la que yo me encuentro puede ser muy iluminador.

Un líder con una mente en expansión se compromete a ser un estudiante, un aprendiz, un explorador continuo del panorama de las nuevas ideas y las formas frescas de entender los viejos temas, verdades y desafíos. Ser un aprendiz permanente es una decisión. Es una actitud que dice que hay todavía una montaña intelectual por escalar, ejercicios mentales por realizar e incontables lecciones por aprender.

Te cuido la espalda
Compartir recursos maravillosos

Todo líder puede nombrar una cierta cantidad de libros que lo han influenciado. Cuando pienso en caminar con otros líderes, algunos libros se encuentran a la cabeza de mi lista de recomendaciones. Tengo copias extras de ellos para poder entregar siempre uno, lo cual es una manera natural de ofrecer apoyo y ayuda a otros líderes por quienes me preocupo. Mi lista de libros cubre muchos temas y áreas de la vida:

continúa

los aprendizajes de vida expanden nuestros horizontes

A quién recomiendo este libro	Título y autor	Descripción
A aquellos enfrentando una profunda pérdida y dolor	Recibir la gracia escondida, Jerry Sittser	Jerry Sittser narra la historia de cómo observa a tres generaciones de mujeres en su familia (su esposa, madre e hija de cuatro años) morir en una carretera luego de que un conductor ebrio golpeara su vehículo. El libro se enfoca no solamente en su historia, sino también en lo que cada uno de nosotros enfrenta en nuestros momentos de pérdida. También da la esperanza de la sorprendente gracia de Dios en los momentos más oscuros.
A quienes están exhaustos, estresados y desbalanceados	Haga un espacio para la vida, Randy Frazee	En este práctico y desafiante libro, Randy Frazee narra su historia al salirse de equilibrio y de cómo Dios puede ayudarnos a restaurar un saludable ritmo de vida.
Líderes de negocios que son exitosos, pero no han alcanzado la realización	Medio Tiempo, Bob Buford	Bob Buford nos cuenta su historia sobre cómo cambió su plan de vida del éxito a la trascendencia y ayuda a otros a iniciar la misma jornada.
A aquellos pasando sequedad espiritual	The Prayer Devotional Bible [Biblia devocional de oración], Ben Patterson	Las lecturas bíblicas y los devocionales diarios en este libro son poderosos y refrescantes para el alma y amplían la mente.
Gente que desea perfeccionar su don de liderazgo	Liderazgo audaz, Bill Hybels	Este es un excelente libro, no solo para los veteranos, sino también para la gente que acaba de entrar a la palestra del liderazgo. Bill Hybels trata todos los grandes temas que los líderes de ministerio enfrentan.
Líderes que se sienten desalentados	Ministerio dirigido por Jesús, Ajith Fernando	Ajith sirve en Sri Lanka, uno de los lugares más difíciles para ser un líder cristiano en nuestro tiempo. Él comprende la teología de sufrir mejor que cualquier otra persona que yo haya conocido, y sus escritos fortalecerán y motivarán a los líderes desanimados.
Aquellos que necesitan una buena risa y una mirada humorística a los desafíos del liderazgo en la iglesia	The Philippian Fragment [El fragmento filipense], Calvin Miller	Lo que los líderes que se están sintiendo agotados necesitan es una buena risa. Este libro clásico es la receta perfecta.
Líderes que están enfrentando borrosas limitaciones relacionales	Lambs on the Ledge [Corderos en el risco], Joyce Strong	El capítulo sobre adulterio emocional puede ser un recurso salvavidas para los líderes que se han involucrado emocionalmente con una persona a quien ministra o con quien ministra.

la mente de un líder

> Estos son solo unos pocos títulos que recomiendo con frecuencia. Sugiero que hagas tu propia lista de libros para compartir con otros líderes y que incluso tengas un par de copias extras de esos libros a la mano, para poder entregarlos si la oportunidad se presenta. Una manera en la que podemos cuidar las espaldas de otros, es indicándoles los recursos que necesitamos para mantenernos saludables, fieles y eficaces en el ministerio.

Dios nos ha dado a cada uno de nosotros una mente a fin de usarla para su gloria y sus propósitos. Para el observador casual, la mayoría de los líderes aparentan ser diligentes en referencia al desarrollo de la mente, una presunción comprensible. Pero las agendas apretadas, el estrés del liderazgo e incluso la vagancia se interponen en el camino del crecimiento intelectual. Los líderes sabios se toman tiempo para evaluar la condición de su mente. ¿Está aguzada como el filo de una afeitadora, o se ha convertido en un tazón de potaje?

Sugerencias de autoevaluación

Examen de mente

Reflexiona sobre las siguientes preguntas por tu cuenta, con un mentor o con un pequeño grupo de amigos confiables. Ora por humildad y honestidad mientras examinas el mundo de tu mente.

1. ¿Cuánto tiempo uso para aprender de libros escritos por grandes pensadores y practicantes?
2. ¿Qué libro he leído hace poco que fuera escrito desde una perspectiva radicalmente opuesta a la mía? ¿Qué aprendí de este libro?

continúa ⇨

57

los aprendizajes de vida expanden nuestros horizontes

3. ¿A quién respeto y es un ávido lector? ¿Estoy dispuesto a pedirle a esta persona que me recomiende una lectura?

4. ¿Qué estoy haciendo para saturar mi mente con las Escrituras?

5. ¿Cuál es mi momento primordial del día para la agudeza mental? ¿Qué puedo hacer para forjarme algún tiempo para leer y meditar en la Palabra de Dios?

capítulo 3

Escuchar atentamente comunica decisiones sabias

Los oídos de un líder

Yo escucho. Es lo que hago. Cuando las parejas vienen hasta mí con luchas y problemas, escucho. Cuando los vecinos enfrentan una pérdida o una disolución de relaciones, vienen a mí. Yo escucho. Cuando otros líderes a quienes respeto me ofrecen sabiduría y entendimiento, me involucro, me intereso y escucho. Cuando el personal o los líderes de mi ministerio están procesando los desafíos de liderar en la iglesia, escucho. Cuando la serena y pequeña voz del Espíritu Santo dice mi nombre, yo me sintonizo, tranquilizo mi corazón, bajo el ritmo y escucho. Señor, en este mundo tan bullicioso, enséñame a escuchar, incluso con mayor intensidad. Ayúdame a reconocer tu voz hablándome en tan diferentes maneras.

> Ciertamente les aseguro que el que no entra por la puerta al redil de las ovejas, sino que trepa por otro lado, es un ladrón y un bandido. El que entra por la puerta es el pastor de las ovejas. El portero le abre la puerta, y las ovejas oyen su voz. Llama por nombre a las ovejas y las saca del redil. Cuando ya ha sacado a todas las que son suyas, va delante de ellas, y las ovejas lo siguen porque reconocen su voz.
>
> —Juan 10:1-4

> Quédense quietos, reconozcan que yo soy Dios.
> —Salmo 46:10a

Estoy sentado en la terminal de un aeropuerto, escribiendo mientras espero para subirme a un avión hacia Chicago. Un hombre se sienta justo detrás de mi hombro izquierdo, hablando en su teléfono celular sobre tecnología de flujo de aire y por qué su compañía ofrece el mejor equipo en el mercado. Tres asientos hacia mi izquierda, una joven está tejiendo con lana verde, conversando en su celular con su novio sobre cuánto lo está extrañando ya, aunque acaba de dejarla en el aeropuerto. (Ellos parecen estar muy enamorados). Estas dos conversaciones son mucho más ruidosas de lo que necesitan ser. Mientras trato de escribir respecto a escuchar la voz de Dios, ellos charlan y la intercomunicación se abre paso bruscamente, añadiéndose al coro de distracciones. Un anuncio vocifera que el vuelo a Chicago está por terminar el abordaje y se apresta a despegar. Yo dejo de escribir porque escucho «Chicago» y me pregunto si estoy a punto de perder el avión. Entonces me doy cuenta de que el anuncio no se refiere a mi vuelo ni a mi compañía de aviación, pero igual estoy distraído.

Este momento es un microcosmos de mi vida y es probable que de la tuya también. Una constante descarga de ruidos, voces y otras intrusiones evitan que escuche la voz de Dios.

Trato de enfocarme en mi escrito. Hago una rápida oración pidiéndole a Dios que me ayude a bloquear los repiques para poder escuchar su voz y sentir su guía. Pero ocurre lo contrario. Mis oídos perciben más que antes: dos niños discutiendo por un videojuego portátil, los anuncios de varias aerolíneas y un hombre haciendo una llamada internacional referente a una confusión sobre un cargamento. Él está enojado; ¡yo estoy frustrado!

Entonces, en medio de todo esto, escucho la voz de Dios recordándome: «Quédense quietos, reconozcan que yo soy Dios». En medio de las charlas y el estruendo, él le habla a mi corazón. En ese momento, recuerdo que Dios se presenta en los momentos de ruido y desorden con la misma facilidad con que se muestra en los tranquilos momentos de un retiro espiritual.

Chequeo de síntomas
Soy duro de oídos

- ☐ Me irrita cuando la gente habla sobre «escuchar a Dios hablar».
- ☐ Me encantaría escuchar a Dios hablar, pero siento que soy espiritualmente sordo.
- ☐ En ocasiones, pienso que escucho a Dios hablar o que siento su motivación, pero me preocupa que solo sea idea mía o mi mente jugándome una mala pasada.
- ☐ Tomo la mayoría de mis decisiones por mi cuenta; rara vez busco la sabiduría de otros.
- ☐ Tengo equipos de personas que me dan sus perspectivas e ideas, pero a decir verdad, reúno a estas personas para que estén de acuerdo conmigo, no para escucharlas en realidad.
- ☐ Rara vez le pido a mis amigos su perspectiva sobre mi vida y ministerio.

Escuchar la voz de Dios

En los días de Samuel, la Palabra del Señor no era escuchada a menudo. Dios deseaba hablar. Él estaba ansioso de comunicarse y estar en comunión con su pueblo. Pero ellos se rehusaban. Se rebelaron. Eran espiritualmente sordos. Así fue miles de años atrás. Así es en la actualidad. Así será siempre.

Dios está hablando. La pregunta es, ¿estamos escuchando? Su voz llega todos los días. Fuerte y suave, de forma manifiesta y sutil, por *escuchar atentamente comunica decisiones sabias*

medio del Espíritu y por medio de la gente, Dios está hablando. El truco es aprender a oír, reconocer, escuchar, responder.

Samuel era un joven que había sido criado en la casa del sacerdote Elí, un siervo de Dios que estaba entrenando a Samuel para que siguiera sus pasos. La suya es la historia de un líder veterano formando a la siguiente generación que debía servir al Señor. El mentor y su protegido.

Una noche, una voz dijo el nombre de Samuel y lo despertó. Naturalmente, él corrió al encuentro de Elí, la única persona en la casa. «Aquí estoy; ¿para qué me llamó usted?» Elí, irritado, envía a Samuel de vuelta a la cama. Una vez más, Samuel escucha una voz y vuelve hasta Elí. «Hijo mío», respondió Elí, «yo no te he llamado. Vuelve a acostarte»; y le envía a la cama por segunda vez.

En este punto del relato bíblico, tenemos un breve comentario: «Samuel todavía no conocía al Señor, ni su palabra se le había revelado» (1 Samuel 3:7). Este joven nunca había escuchado hablar a Dios, ¡pero eso cambiaría pronto! Después de que Samuel regresa a la cama y se tranquiliza, sin duda sintiéndose un poco confundido e incluso asustado, la voz vuelve a hablar. Él escucha su nombre: «Samuel». Una vez más se dirige hasta el viejo profeta y le pregunta si lo ha llamado.

A Elí se le prende el foco, se da cuenta de que Dios le está hablando a Samuel. Así que Elí le instruye a que regrese a la cama y se acueste una vez más. Pero en esta ocasión, Elí le da a Samuel un sencillo pero determinante consejo, recomendación santa que todos los líderes sabios deberían llevar en sus corazones. Elí le dice a Samuel que si él escuchaba la voz de nuevo, debía decir: «Habla, Señor, que tu siervo escucha» (v. 9).

Este fue el inicio de un nuevo capítulo en la vida de Samuel. La página dio vuelta y este joven líder comenzó una vida a la espera de Dios, escuchando la dirección proveniente de una fuente mucho más alta y mayor que él mismo. Samuel aprendió que su liderazgo debía fluir de una profunda conexión personal con Dios, por medio de los oídos que escucharan la voz del Señor; en caso contrario, él nunca se convertiría en el líder que estaba destinado a ser.

«Habla, Señor, que tu siervo escucha». Estas palabras transformarían la vida de un líder. Los líderes sabios están desesperados por escuchar la voz de Dios. En un mundo bullicioso, nuestro corazón debería estar ansioso de la sabiduría proveniente de arriba. Los líderes necesitan recibir dirección, entendimiento e inspiración de Dios. Cuando clamemos: «Habla, Señor, que tu siervo escucha», Dios dirigirá nuestros pasos.

los oídos de un líder

Escuchar y reconocer la voz de Dios no es solo para los monjes o los fanáticos. Debería ser la norma en la experiencia diaria de todo líder cristiano. Jesús, el Buen Pastor, deja claro que sus ovejas reconocen su voz. Esta es la única forma en que pueden seguirle.

Si quieres profundizar en el tema de aprender sobre cómo escuchar y reconocer la voz de Dios, te sugiero leer el capítulo seis de mi libro *Seismic Shifts* [Cambios Sísmicos]. El capítulo se titula «Cambiar de un monólogo al diálogo», y trata de cómo podemos hacer de la oración conversacional parte de nuestra jornada espiritual.

Sugerencias de autoevaluación
Escuchar la voz de Dios

Dios habla en los momentos de tranquilidad y también en el ruidoso fluir de nuestros días. A medida que aprendamos a oír, reconocer y escuchar su voz en los lugares calmados, nos volveremos más atentos en los momentos de apuro. Aparta treinta minutos y ve a un lugar en el que no haya distracciones. Lleva un libro para escribir las impresiones o palabras que recibes de Dios. En este tiempo, usa las preguntas a continuación para empezar y añade tus propias preguntas. Luego de que hagas cada una, espera en silencio. Pídele a Dios que hable a tu corazón y te dé convicción o palabras de bendición. Escucha atentamente; dile a Dios: «Habla, Señor, a tu siervo que está escuchando».

1. ¿Cuánto me amas y cómo has revelado este amor?
2. ¿Existe un área en la que necesito crecer y qué pasos me harías dar?
3. ¿Existe una persona a la que necesito servir y qué puedo hacer para mostrar tu amor?
4. ¿Qué área tiene un pecado escondido en mi vida?
5. ¿Qué palabra de bendición deseas que le dé a alguien?
6. ¿Por quién quieres que ore y qué debería orar?

escuchar atentamente comunica decisiones sabias

Ayuda de mis amigos

¿Qué haces para vivir una vida probada?

La autoevaluación requiere sinceridad brutal sobre uno mismo. Esa misma sinceridad me ayuda a admitir que me he alejado de Dios y el por qué. Cuando me siento vacío y ansioso, sé que soy yo el que se ha alejado. Mi distancia me exige buscar a Dios, dado que sé que le estoy evitando debido a mi desobediencia. Puedo ser un experto en negación cuando se trata de mi vida interior, pero evitarlo simplemente prolonga la miseria. Una expresión sincera de mi debilidad y mi pecado me lleva rápidamente de nuevo ante la presencia de Dios. Así que cuando reconozco los signos, me detengo y en oración confieso la búsqueda de su misericordia y su gracia. Él siempre está ahí. ¡Él nunca se mueve!

—Kim Levings, director de Outreach Ministries

Escuchar a las generaciones

Un líder sabio está deseoso de ser desafiado y motivado por la gente que ha transitado anteriormente por el camino del liderazgo. Cuando tenemos gente que tiene un bagaje de experiencia que compartir, podemos sentarnos a sus pies, escuchar y aprender. Uno de los mejores regalos que nos podemos dar a nosotros mismos es encontrar una persona o dos que sean mayores que nosotros y aprender de ellas.

Cada uno de nosotros ha recibido el regalo de la proximidad. Dios ha colocado gente cerca de nosotros, en las diferentes etapas de nuestras vidas, que pueden mentorearnos y enseñarnos. La pregunta es: ¿Nos tomamos el tiempo para escuchar? ¿Somos los suficientemente humildes para reconocer que no tenemos todas las respuestas? Cuando Dios coloca a un sabio en nuestra vida, es por alguna razón.

los oídos de un líder

Me convertí en pastor principal por primera vez cuando llegue a la iglesia Corinth. Yo solo tenía treinta y un años, pero era el «jefe». El personal era una secretaria que trabajaba diez horas a la semana, un director de coro a tiempo parcial, un pastor de jóvenes, el personal de mantenimiento y un pastor de profesión. Yo era el pastor líder y el miembro del personal más joven. El pastor de profesión tenía prácticamente tres veces mi edad. El reverendo John Schaal tenía ochenta años y era uno de los hombres más gentiles, intuitivos y poderosos que haya conocido jamás. Él y su adorable esposa, Grace, irradiaban la presencia y la ternura de Jesús.

Todavía recuerdo la primera ocasión en que sucedió. Fue en mi escritorio, temprano un domingo por la mañana, cuando me preparaba para predicar. Mi puerta estaba cerrada porque estaba revisando una vez más las notas de mi sermón. Silenciosamente, la puerta se abrió y John entró. Él no dijo una palabra; simplemente cerró la puerta, caminó muy despacio a través de la habitación y se paró a mi lado. Él levantó sus frágiles manos y las colocó en mi cabeza. Entonces oró. Mientras este santo hablaba con Jesús, sentí el poder del cielo surgir en mi corazón, mi mente y mi cuerpo. Las lágrimas corrían por mi rostro. Cuando él dijo amén, se dio la vuelta y salió de mi oficina.

No sé en cuántas ocasiones sucedió esto durante los cinco años siguientes, pero en cada ocasión en que John vino a mí para orar, Dios se mostró. Yo sabía que debía pasar tiempo con este hombre. Con los años, almorzamos juntos en muchas ocasiones. Nunca me permitió pagar. Yo siempre tenía un par de preguntas. Ordenábamos nuestra comida, le hacía la pregunta y él la respondía. ¿Alguna vez le has dado un tazón de leche a un gato callejero? Así era yo; ¡sorbía hasta la última gota! Traté de escribir todo lo que él decía. Era oro puro.

Atesoraba los momentos en que podía estar con John y sencillamente escucharle. Él era un erudito, un pastor y el modelo de una vida entregada a Jesús. Cuando comenzamos a entrenar a internos del seminario, hicimos que ellos acompañaran a John en sus visitas al hospital y luego almorzaran con él. Qué gozo ver a una generación pasarle la posta a la siguiente. John se sintió destrozado cuando ya no pudo conducir. No obstante, hacíamos que la gente condujera para él con el fin de que pudiera visitar a los miembros de nuestra congregación que por una u otra razón estaban internos, y fue capaz de ejercitar sus dones hasta mediados de sus ochenta años. Incluso cuando estaba recluido en cama, los internos de nuestra iglesia y el personal todavía

65

escuchar atentamente comunica decisiones sabias

Construir redes
Encontrar las respuestas a las buenas preguntas

Identifica dos o tres personas sabias que Dios haya colocado cerca de ti. Están ahí si te tomas el tiempo para mirar. Dales una llamada para ver si puedes pasar unas cuantas horas haciéndoles preguntas y aprendiendo de ellas. Estas son algunas de las preguntas que le hice a John cuando nos reuníamos. Siéntete libre de usarlas o haz las tuyas propias.

- Si solo pudieras predicar acerca de un texto de la Biblia, ¿cuál sería y por qué?
- Cuando visitas a la gente en el hospital, ¿qué versículos les lees?
- ¿Cómo conociste a tu esposa y qué has hecho para construir un matrimonio que ha durado más de diez décadas de vida y ministerio?
- ¿Cuáles son tus libros favoritos del Antiguo Testamento y el Nuevo Testamento?
- ¿Cómo has mantenido equilibrados tu vida y tu ministerio?
- ¿Cómo has manejado los conflictos con la gente en las iglesias que has servido?

iban y se sentaban junto a él a escucharle, aprender y amar a este líder santo.

Cuando John murió, hubo momentos en los que temprano los domingos por la mañana me sentaba en mi escritorio a revisar mis notas del sermón y recordaba el peso de sus manos en mi cabeza mientras oraba por mí. Todavía lo extraño, pero las lecciones que me enseñó están arraigadas en mi corazón y mi mente. Su influencia está viva en mi ministerio.

Si tú y yo tuviéramos una conversación mientras tomamos una taza de café, podría contarte de otros que han influenciado y mentoreado mi vida. Dan Webster, mi primer pastor de jóvenes, hizo nacer en mí una pasión por enseñar la Palabra de Dios y me dio la oportunidad de que creciera en mí el don de la enseñanza. Lois Van Haitsma (llamada Abuela Lois por todos aquellos que la conocieron) me enseñó el poder de un abrazo y sobre el valor de apartar tiempo para pronunciar unas palabras de amabilidad. Harold Korver mentoreó a todo un grupo de hombres y mujeres jóvenes mientras estaba en el seminario, y yo he citado su sabio consejo en cientos de ocasiones al pasar los años. Kathryn Post, Emma Jerene Burgess, Dorothy Roosien, y Sherwin y Joan Vliem (los padres de mi esposa), han modelado vidas de oración fieles que han inspirado y me han hecho recapacitar más veces de las que puedo recordar. Cada una de estas personas santas ha orado por mí y mi familia todos los días por más de trece años. Deseo ser más como ellos.

Los líderes sabios aprenden a identificar a la gente que tiene experiencia de años caminando cerca de Jesús. Y cuando se acercan a estas personas escuchan, hacen buenas preguntas, observan y aprenden. Los mejores líderes saben que la larga jornada de fidelidad y eficacia está muy marcada por otros que la han transitado antes que ellos. Ninguno de nosotros está lo suficientemente alto como para ver el futuro con claridad. Necesitamos en nuestra vida a personas que estén dispuestas a inclinarse para levantarnos en sus hombros espirituales.

Escuchar a los pares

El orgullo desmedido corre en lo profundo de la vida de muchos líderes. Podemos ser orgullosos y preferir resolver los problemas y dar respuestas antes que pedirles a otros su ayuda. Podemos pasar horas, semanas, meses e incluso años dando vueltas alrededor de un tema complejo, porque nos rehusamos a detenernos y pedirle instrucciones a alguien. Es tiempo de que los líderes cristianos humildemente invitemos a nuestros pares que conocen más de lo que hacemos para que nos den direcciones. Lo que estamos llamados a hacer con nuestra vida es demasiado importante para desperdiciarlo haciendo giros en U en calles de una sola vía o encaminándonos por el sendero equivocado.

escuchar atentamente comunica decisiones sabias

Te cuido la espalda
Encuentra un mentor

¿Quién te está mentoreando? Esto es lo que he aprendido sobre los mentores. Ellos rara vez vienen a ti y te dicen: «Voy a invertir en tu vida». La mayor parte del tiempo, necesitamos orar para que Dios traiga a alguien a nuestra vida y debemos entonces tomar la iniciativa para reunirnos con ellos y preguntarles si caminarían junto a nosotros. Si no tienes a un anciano y sabio líder invirtiendo en tu vida, no pierdas tiempo lamentándote por esto; sal y encuentra un mentor. Estarás asombrado al ver cuánta gente con tanto por ofrecer estaría gozosa de invertir en tu vida. Sugiero que te reúnas con esta persona no menos de una vez al mes y lo más a menudo posible. También, una vez que hayas establecido esta relación, permite que dicha persona se convierta en un consejero sabio cuando tomes decisiones en el liderazgo y sobre la vida. Estarás bendecido más allá de lo que te imaginas.

Debo admitir que si lo dejo a mi propia discreción, tiendo a ser orgulloso y autosuficiente. No es natural para mí pedir instrucciones, ya sea conduciendo mi auto o en mi jornada de liderazgo. Pero también siento la fuerte convicción de que el Espíritu Santo está llamándome a crecer, a superarme y a dejar el orgullo a un lado. Luego de tratar el camino de «yo puedo hacerlo por mí mismo» durante aproximadamente una década, las cosas comenzaron a cambiar cuando llegué a los treinta. La voz del Espíritu se abrió paso y finalmente estuve de acuerdo con aprender de mis pares.

En esa época desarrollé la disciplina de crear sesiones de estudio autodirigidas para aguzar mi mente y desplegar mis habilidades de liderazgo. Decidí que identificaría a los colegas del ministerio que (¿me atrevo a decirlo?) saben más que yo para aprender de ellos. Con los años, he llevado esto a cabo llamando a otros líderes, diciéndoles que pienso que tienen algo que ofrecerme y pidiéndoles me permitan pasar tiempo aprendiendo de ellos. Desde pastores hasta líderes de negocios, pasando por oficiales ejecutivos de corporaciones, muchos han dicho que sí.

Yo he aprendido que necesito estas experiencias para fortalecerme en áreas en las cuales Dios desea que expanda mi mente. Cuando identifico un área en la que necesito crecer, busco personas en mi espectro geográfico, que son expertas o están muy adelantadas a mí en conocimiento y que creo serán eficaces al enseñarme. Establezco entonces

Ayuda de mis amigos

¿Qué haces para practicar la autoresponsabilidad?

Con el pasar de los años he desarrollado tres sencillas pruebas que uso para tomar decisiones que involucran mi ética e integridad. Cada una de ellas está diseñada para hacerme una pregunta específica:

1. Cuando estoy tomando una decisión sobre un tema poco definido y que no está claramente en blanco y negro, me pregunto: «¿Cómo me sentiría si esto sale publicado en el periódico local para que todos lo leyeran?».

2. Cuando debo tomar una decisión respecto al ascenso o bonificación de una persona, me pregunto: «Si descuidadamente dejo esta información en mi escritorio y otros miembros del personal la ven, ¿me sentiría cómodo explicando la diferencia en los ascensos y bonificaciones que cada persona va a recibir, de tal manera que puedan entender por qué su cantidad era más o menos que la de alguien más?».

3. Siempre parece haber más demandas de nuestro tiempo que la cantidad de tiempo disponible. Después de las relaciones indispensables de negocios, trato de priorizar con quién paso el tiempo y cuánto tiempo pasar. Una de las preguntas que me hago para ayudarme a decidir es: «¿Estará esta persona en mi fiesta de cumpleaños número 85?» Si la respuesta es sí, me tomo todo el tiempo que puedo y algo más. Si no, paso el tiempo que es necesario y apropiado y sigo adelante.

—Bruce Ryskamp, presidente y oficial ejecutivo en jefe, Zondervan (1993—2005)

escuchar atentamente comunica decisiones sabias

objetivos de aprendizaje y los contacto. De hecho, me he enrolado en un programa de estudios avanzados que solo me cuesta el precio de los almuerzos y que me ha llevado a un número de duraderas amistades y asociaciones en el ministerio.

Hace unos pocos años, me disponía a desempeñar un nuevo papel en el liderazgo. Íbamos a añadir una posición de pastor ejecutivo (el título que usamos fue Pastor de Ministerios de la Iglesia) y yo iba a entregar muchas de las responsabilidades que había tenido como pastor principal. La iglesia nunca había desarrollado un rol como este y yo nunca había trabajado con un pastor ejecutivo, así que llamé a tres iglesias de nuestra área que ya estaban usando este modelo de manera eficaz. Solicité a cada uno de los pastores guías si podían concederme un almuerzo prolongado para que pudiera aprender de ellos y del modelo usado en su iglesia. ¡Todos dijeron que sí!

En las siguientes dos semanas, me reuní con Wayne Schmidt (pastor de la Iglesia Comunitaria de Kentwood, una congregación wesleyana), Frank Weaver (pastor de la Iglesia Cristiana Reformada del Calvario), y Rob Bell (pastor de la Iglesia Bíblica Mars Hill). En cada caso, hice preguntas específicas sobre cómo estaba funcionando su modelo de liderazgo. Estudié sus lineamientos de rendición de cuentas y su división de responsabilidades. Cada una de las iglesias tenía fortalezas y debilidades. Cuando todo estuvo dicho y hecho, había aprendido mucho de cada líder y cada congregación. Me sentía agradecido por el hecho de que estos líderes hicieran tiempo en sus días para enseñarme y convertirme en una bendición para la iglesia que sirvo. Me impactó el hecho de que cada uno de estos líderes tuviera un corazón para el reino que va mucho más allá de sus iglesias.

Luego de estas reuniones, sintetizaba lo que había aprendido y lo analizaba con mi equipo para crear un modelo que se acercara a las fortalezas de estos otros ejemplos y evitara las fallas que ellos habían experimentado. (Cada líder había compartido honestamente las debilidades en sus estructuras, lo cual nos ayudaba a evitar cometer algunos de los mismos errores). Luego de que el equipo de trabajo había desarrollado nuestro modelo, enviaba una copia de nuestro trabajo y de la visión a estos tres líderes y les decía cómo habían ayudado a mi iglesia y a mí a ser más eficaces. Uno de los líderes envió una nota y me dijo que ellos iban a comenzar a darle una forma a sus estructuras de liderazgo más parecida a nuestro modelo; él pensaba que serviría mejor a su iglesia.

Como una maravillosa nota al margen de este pequeño estudio, Wayne Schmidt se ha convertido en un querido amigo. A lo largo de los años, nos hemos reunido periódicamente para aprender el uno del otro. Wayne, un líder altamente capacitado, ha sido un mentor en el liderazgo. Y yo he compartido con él lo que sé sobre movilizar a una iglesia con el mensaje del amor de Dios hacia la comunidad. Desde nuestra primera reunión, hemos almorzado muchas veces, he predicado en su iglesia, dirigido devocionales para su personal y ayudado con algún entrenamiento en evangelización. Cuando nos reunimos, hierro con hierro se aguza y ambos nos vemos motivados.

¡Seamos honestos! No tenemos que reinventar la rueda cada vez que queramos ir a alguna parte. Dios ha colocado gente a nuestro alrededor que tiene mucho que ofrecernos. He descubierto que la mayoría de ellos está más que dispuesta a compartir su sabiduría, experiencia e incluso fracasos si se lo pedimos.

Escuchar a los amigos

Hace algún tiempo tuve que tomar una cierta cantidad de decisiones que impactarían en mi ministerio, vida personal y familia. Una parte del proceso de toma de decisiones tenía implicaciones financieras y de

Construir redes
Aprender de los pares

Haz una lista de líderes a quienes respetes y que trabajen a ciento sesenta kilómetros a la redonda de donde vives. ¿Qué aprenderías si pudieras pasar unas cuantas horas con estas personas? ¿Qué preguntas harías? ¿Cómo podría Dios potenciarte como líder al pasar tiempo con ellos? Escribe las preguntas que te gustaría hacerles si tuvieras un par de horas con cada uno de ellos. Entonces, llámales. Pregúntales si estarían dispuestos a pasar un par de horas contigo para invertir en tu vida y tu ministerio. Muchos dirán que sí. Si alguien está demasiado ocupado, no te sientas mal; simplemente dirígete a la siguiente persona en tu lista.

negocios que iban más allá de mi comprensión. La verdad es que yo no me preocupo mucho de los temas financieros. Pero sabía lo que tenía que hacer. Me reuní con algunos de los miembros del Club Campestre de Hudsonville (CCH) para entender sus ideas, hacerles preguntas y aprender de su sabiduría. El CCH es en realidad una ferretería donde un amigo tiene una máquina virtual de golf. Durante los largos, fríos, nevados, nublados, helados, llenos de aguanieve y, en ocasiones, deprimentes meses de invierno en Michigan, nos reunimos a golpear pelotas de golf frente a imágenes de lugares más cálidos y verdes, proyectados en una gran pantalla. En este tiempo juntos, hablamos, reímos y buscamos mantener nuestra sanidad.

Estos amigos son líderes de negocios. Todos tienen un gran entendimiento. Todos se preocupan unos por otros. Y cuando se trata de negocios y sabiduría financiera, me llevan mucha ventaja. Una noche, mientras lanzábamos bolas y hablábamos, le pregunté al grupo: «¿Podríamos pasar algún tiempo enfocándonos en mí? ¿Estarían todos dispuestos a darme su punto de vista sobre algunas decisiones clave que necesito tomar?». Todos ellos estuvieron dispuestos. Ron, Brad, Harold y Gary escucharon mientras les explicaba lo que estaba enfrentando y las opciones que tenía. Ninguno de ellos me dio un consejo de manera inmediata, sino que captaron mis ideas por aproximadamente una hora. Hicieron preguntas, procesaron los datos. Entonces, hablaron desde sus perspectivas, que eran oro puro.

Ellos me forzaron a pensar en cosas que no habían cruzado por mi mente. Me hicieron notar implicaciones que no había visto. Debido a que estaban parados en una posición de ventaja, me ayudaron a ver con otros ojos. Honestamente, yo estaba un poco avergonzado. Estos hombres veían cosas que tenían sentido para ellos y que yo no había visto. Sin embargo, no me hicieron sentir tonto ni inferior. Simplemente me dieron una perspectiva que a mí me faltaba. Gracias a su aporte, tomé una serie de decisiones que fueron mucho más sabias de lo que habrían terminado siendo si trataba de tomarlas yo solo.

Descubrí que tener un grupo de amigos que no son parte de mi iglesia es muy valioso. Y que construir amistades con líderes de negocios ha sido una bendición y un gozo. Aprendo mucho cuando hablan sobre el mundo corporativo y cómo lideran sus trabajos en sus contextos. Cada uno de nosotros tiene un círculo de amigos que puede ofrecer sabiduría y conocimientos. Su posición de ventaja puede ser exactamente lo que necesitamos en nuestras vidas y ministerios.

Construir redes
Ayuda de mis amigos

Los miembros del CCH también viajan juntos de manera ocasional. El líder de esta red informal es Ron Vander Pol. Ron es un hombre de negocios capacitado que tiene la original habilidad de establecer conexiones relacionales que tienen gran impacto en el reino. Él también ama desafiar a los líderes a pensar en nuevas formas. Cuando vamos a viajar juntos, en ocasiones Ron nos da una tarea. Él elige un libro, usualmente uno que va a agitar los ánimos, y nos da a cada uno una copia. Debemos leer el libro y convertirlo en tema de conversación durante el viaje.

En el verano de 2006, fuimos a la Costa Oeste por un fin de semana largo. Nuestro texto de lectura y discusión era el libro de Al Gore sobre el calentamiento global: *Una verdad incómoda*. El libro encendió muchas conversaciones, así como también horas de bromas mientras nos sentábamos frente al crujiente fuego en las horas de la noche y confrontábamos las ideas y pensamientos preconcebidos de unos y otros. No resolvimos todos los problemas ecológicos que enfrenta nuestro mundo. Pero estuvimos todos preocupados por la profunda realidad de que el Dios que hizo los cielos y la tierra todavía se preocupa por su creación, y así también deberíamos hacerlo nosotros.

Un sorprendente beneficio resultó de este proceso de aprendizaje. Ron me pidió que guiara un servicio de adoración y diera un mensaje un domingo en la noche durante el viaje. Mi mensaje se tituló: «Incómodas verdades del sermón del monte». Nos reunimos afuera junto a una fogata y pasamos tiempo orando, hablando y estudiando las desafiantes y desestabilizadoras palabras de Jesús. Este sermón en particular más adelante se convirtió en una serie de mensajes que enseñé en un campus universitario.

escuchar atentamente comunica decisiones sabias

Escuchar las preocupaciones y la crítica

Los líderes en el ministerio cristiano serán analizados, criticados y evaluados… constantemente. Es parte del negocio. La clave es aprender a reconocer la crítica malsana e ignorarla. Al mismo tiempo, debemos saber cómo identificar la crítica útil y escuchar de tal manera que podamos aprender. Aprendí esta lección siendo un adolescente cuando era voluntario en un ministerio de jóvenes en Garden Grove, California.

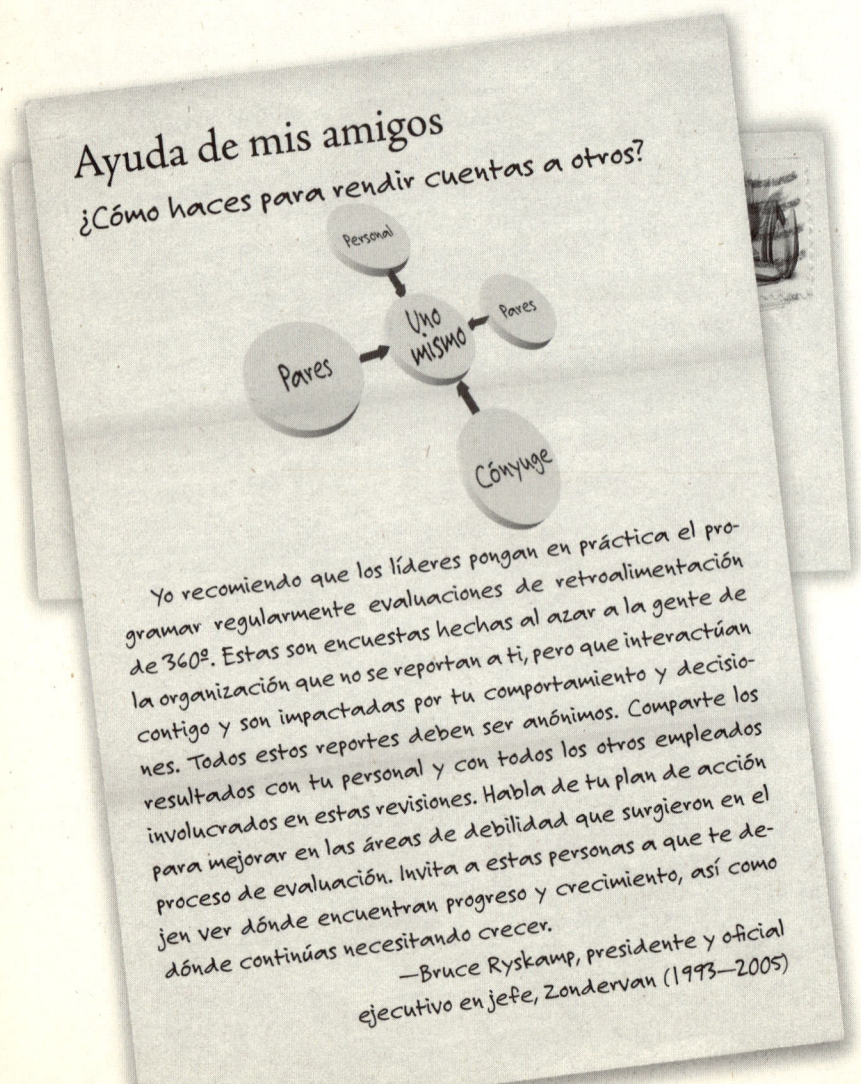

Ayuda de mis amigos

¿Cómo haces para rendir cuentas a otros?

Personal → Uno mismo ← Pares
Pares → Uno mismo
Cónyuge → Uno mismo

Yo recomiendo que los líderes pongan en práctica el programar regularmente evaluaciones de retroalimentación de 360º. Estas son encuestas hechas al azar a la gente de la organización que no se reportan a ti, pero que interactúan contigo y son impactadas por tu comportamiento y decisiones. Todos estos reportes deben ser anónimos. Comparte los resultados con tu personal y con todos los otros empleados involucrados en estas revisiones. Habla de tu plan de acción para mejorar en las áreas de debilidad que surgieron en el proceso de evaluación. Invita a estas personas a que te dejen ver dónde encuentran progreso y crecimiento, así como dónde continúas necesitando crecer.

—Bruce Ryskamp, presidente y oficial ejecutivo en jefe, Zondervan (1993–2005)

los oídos de un líder

Había estado sirviendo en la iglesia en el ministerio de estudiantes de secundaria por más de un año. ¡Me encantaba! Se había vuelto mi pasión. Aunque yo todavía estaba en mi último año de colegio, me habían pedido que fuera líder de un campamento y estaba enseñando bajo el mentoreo de nuestro pastor de jóvenes. Yo sabía en mi corazón que esto me estaba entrenando para una vida en el ministerio. Podía sentir al Espíritu Santo obrando en mí. Estaba disfrutando de ese momento.

Uno de los líderes clave del ministerio me llamó para ver si podía reunirme con él. Yo estaba muy emocionado. ¿Qué nueva responsabilidad o desafío podría enfrentar? ¿Qué afirmación iba a escuchar debido a mi apasionado y fiel sacrificio de casi veinte horas a la semana como voluntario en el ministerio?

Nos sentamos en el césped, cerca de las oficinas de la administración de la iglesia. Vi a este santo líder a quien respetaba mucho. Él tenía mucha energía, estaba bien formado en cuanto a su fe, un líder de líderes; y tenía el afro más grande que yo jamás hubiera visto en un hombre blanco. ¿Cómo no respetarlo? Yo estaba listo a recibir de este gran líder un conocimiento al estilo de Yoda.

Él me miró a los ojos y dijo: «Kevin, tienes un grave problema con el orgullo. Vamos a retirarte de tu posición ministerial para que puedas trabajar en esta debilidad de tu carácter».

¡Me despidieron! Así es, me separaron de mi trabajo de voluntario. Es bastante malo ser despedido de un trabajo pagado de verdad, pero esto era sencillamente humillante.

Mi aprecio y fascinación por este hombre se desvanecieron instantáneamente. Pensé en mis adentros (y te voy a dar la versión con censura): «¿Estás despidiéndome? ¡Soy un voluntario! ¡Quién eres tú para decir que yo tengo problemas de orgullo; tú eres uno de los sujetos más engreídos que jamás haya conocido! Puedes tomar tu consejo y tu posición de voluntario ministerial y...». Al decir eso, estaba enojado.

Todo me daba vueltas, pero afortunadamente tuve el control suficiente para mantener mi boca cerrada. Escuché. Reflexioné en sus palabras. Seguro, yo estaba indignado, pero al sentarme en un atónito silencio, asumí la verdad. Olas de emociones me golpearon: primero fue la indignación, luego el impacto, luego la defensa y finalmente una extraña y pacífica calma.

¡Él estaba en lo correcto! Mientras miraba a este portador de malas noticias con su enorme afro agitándose por la brisa, estaba seguro de que tenía un muy similar patrón de orgullo en su vida. Pero el

escuchar atentamente comunica decisiones sabias

Espíritu Santo colocó en mi cabeza las palabras que yo, sencilla, simple y profundamente, necesitaba. Tenía un problema y este me estaba haciendo ineficaz en el ministerio. El orgullo estaba gobernando mi corazón. Dios me ayudó a ver más allá del mensajero y a escuchar el mensaje.

Con los años, Dios en su gracia ha traído gente a mi vida que me ha hablado con la verdad que he necesitado escuchar. En ocasiones, ellos han sido personas gentiles que me aman y se acercan con gran sensibilidad. En otras ocasiones, el mensaje ha llegado de manera muy aguda y el portador ha sido duro y malo. Pero cuando he sentido que la crítica es válida y las palabras provienen de Dios, he tratado con toda mi fortaleza de recibirlas.

Por supuesto, también ha habido ocasiones en las que una persona ha venido con alguna crítica que era infundada, exagerada o sencillamente maliciosa. He tenido que discernir cuando este era el caso y no prestar atención a esos ataques. La clave es aprender a recibir los mensajes enviados por Dios a través de otros y saber reconocer cuándo ignorar los ataques malsanos. Dios todavía habla.

Ayuda de mis amigos

¿Cómo haces para rendir cuentas a otros?

Hace muchos años aprendí que no debía esperar de mí absolutamente nada que no estuviera dispuesto a inspeccionar. Esto se volvió un principio fundamental para mí. Si mi objetivo es llevar una vida santa en la cual la gente vea a Cristo a través de mi comportamiento, las decisiones que tomo y la forma en que trato a los demás, es necesario para mí recibir una retroalimentación sincera sobre cómo los demás perciben mi desempeño.

A lo largo de los años (tanto en mi vida laboral como en mi vida de hogar), he establecido de manera deliberada «canales de retroalimentación» con la gente con la cual interactúo y que son impactados por mi liderazgo. ¿Cómo lo hago?

los oídos de un líder

> Cuando estás en el liderazgo, es muy difícil obtener una retroalimentación verdadera de la gente que lideras. Con los años, he desarrollado algunos lineamientos que me ayuden a obtener una sincera retroalimentación:
>
> 1. Permite que la gente sepa que esperas que te den una información honesta.
> 2. Motiva la rendición de cuentas reconociendo públicamente a las personas que te corrigen y te exigen ser responsable por tu comportamiento.
> 3. Nunca defiendas o expliques tus acciones o comportamiento cuando estés recibiendo una crítica de alguien a quien lideras. Recuérdalo, probablemente fue bastante difícil para esa persona acercarse y hacerte una crítica. Si lo haces, es posible que nunca más se arriesguen y que además adviertan a sus amigos al respecto. En lugar de ello, agradéceles y hazles saber que te das cuenta de cuánto coraje se necesitó para acercarse a ti y que aprecias sus opiniones. Ellos le dirán a otros sobre esto, y esto motivará a otros a mantenerte informado en el futuro.
>
> —Bruce Ryskamp, presidente y oficial ejecutivo en jefe, Zondervan (1993—2005)

Samuel aprendió a reconocer la voz de Dios y nunca más fue el mismo. Él dijo: «Habla, Señor, que tu siervo escucha», y el Señor reveló su voluntad. Las ovejas reconocen la voz de su pastor y la siguen. Si vamos a liderar eficazmente en un mundo complejo y confuso, aprender a escuchar es esencial.

Dios está hablando a través de la suave voz de su Espíritu, por medio de líderes sabios que han transitado un camino antes que tú, a través de líderes eficaces que nos rodean a todos nosotros, por medio de los hermanos y hermanas que nos aman, a través de quienes nos lideran y por medio de los que estamos llamados a liderar.

Dios está hablando… escucha.

capítulo 4

Una visión clara de lo que viene adelante
Los ojos de un líder

Creo en un Dios poderoso y soberano. Cuando veo su visión y mis ojos están fijos en el rostro de Jesús, creo que cualquier cosa es posible. En esos momentos, sueño y creo que Dios todavía hace milagros. Cuando mis ojos están enfocados y mi visión es aguda, puedo ver lo que Dios puede hacer y mi corazón renace. En otras ocasiones siento como si un velo cubriera mis ojos y no puedo ver el siguiente paso que necesito dar como líder. En estos momentos, estoy profundamente consciente de que la gente me está siguiendo... y de que yo no tengo idea de a dónde voy.

una visión clara de lo que viene adelante

> Por la mañana, cuando el criado del hombre de Dios se levantó para salir, vio que un ejército con caballos y carros de combate rodeaba la ciudad. —¡Ay, mi señor! —exclamó el criado—. ¿Qué vamos a hacer? —No tengas miedo —respondió Eliseo—. Los que están con nosotros son más que ellos. Entonces Eliseo oró: «Señor, ábrele a Guiezi los ojos para que vea». El Señor así lo hizo, y el criado vio que la colina estaba llena de caballos y de carros de fuego alrededor de Eliseo.
>
> —2 Reyes 6:15-17

Los líderes necesitan tener una visión perspicaz para ver la cultura tal como es, para ver lo intrincado de las relaciones humanas y para ver lo que yace en el horizonte. Más importante aún, los líderes necesitan ver la presencia de Dios. Cuando abrimos nuestros ojos a la realidad espiritual que nos rodea, todo lo demás se enfoca. Eliseo, protegido de Elías, supo esto. En 2 Reyes 6:8, nos involucramos en el drama. El rey de Siria tiene a Eliseo entre ceja y ceja. Lo quería muerto. Aparentemente Eliseo ha estado involucrado en negocios internos. Dios le había estado dando a Eliseo detalles acerca de los planes políticos y militares de los sirios (los enemigos de Israel) y Eliseo le había estado pasando esta importante información al rey de Israel.

En esas circunstancias, el ejército de los sirios había rodeado la ciudad de Dotán, donde Eliseo y su criado habían permanecido durante la noche. Cuando ellos salieron en la mañana, el criado de Eliseo casi se moja los pantalones. Él vio una enorme fuerza militar rodeando la ciudad y sabía por qué estaban ahí. No había la menor duda de que una sencilla realidad pasaba por su mente: ¡Somos hombres muertos!

El criado dirigió su mirada al profeta. La reacción de Eliseo fue calmada y pacífica, ¡al punto de parecer irritante! Como si no tuviera idea del peligro que enfrentaban. Entonces, el criado habló: «¡Oh, Señor, y ahora qué haremos!». Casi puedes escuchar el pánico en su voz. La respuesta de Eliseo sonó como una locura para el novato. Aunque el criado había visto algunos milagros y sabía que el Espíritu de Dios estaba sobre Eliseo, sintió que esta situación en particular los llevaría a la muerte suya y de Eliseo. Había visto a Eliseo proveer de aceite a una viuda, suplir de pan a cien hombres, limpiar la lepra e incluso levantar de la muerte a un muchacho. Pero esto era diferente. Estaban rodeados por un ejército de aguerridos soldados. Estaban atrapados.

Calmadamente, Eliseo dijo: «No tengas miedo. Los que están con nosotros son más que ellos». El criado aguzó su vista, tratando de ver

los ojos de un líder

algún gran ejército en la distancia viniendo a salvar el día. Todo lo que vio fue un muro de soldados enemigos con espadas y lanzas en sus manos. Entonces aparece el orador, a quien debemos ponerle especial atención. Eliseo le implora a Dios: «Señor, ábrele los ojos para que vea».

En ese momento, el criado de Eliseo se da cuenta de toda una nueva realidad, el lugar donde Eliseo vive todos los días. Él puede ver detrás del velo y su cociente de coraje aumenta unos cuantos cientos de veces. El enemigo todavía está allí. El ejército sirio está apostado con armas y es superior en número. Pero alrededor de ellos está el ejército de Dios. Las colinas están llenas de caballos y carrozas de fuego. Dios está presente. Aquel que está con nosotros es más grande que aquellos que están contra nosotros. Él puede verlo todo.

El miedo se ha disipado. La esperanza nace. La confianza marcha rampante.

¿Deseas ayudar a tu ministerio a agolparse en territorio enemigo y llevar a cabo grandes cosas para el reino de Dios? Empieza a orar con fe y confianza: «¡Abre mis ojos, Señor, para que pueda ver!». Esta oración no tiene relación con ver la cultura o las estrategias ministeriales, por importantes que estas puedan ser. Se trata de echar atrás el velo y tener los ojos abiertos para poder ver el mundo espiritual.

Como líderes, puede ser fácil llegar a una postura de miedo y derrota. Entonces, solo vemos los obstáculos y nos paralizamos. Nuestros ojos están fijos en las cosas equivocadas: el mundo es demasiado poderoso como para superarlo, las estructuras denominacionales se interponen en el camino, los recursos son escasos y la gente es renuente. Simplemente no sabemos si tenemos la energía para enfrentar un reto más de liderazgo.

Entonces oramos: «Señor, abre mis ojos para que pueda ver». Mientras clamamos por la visión y la perspectiva de Dios, podemos ver su mano tomando el velo de la eternidad y retirándolo. Vemos los caballos y las carrozas de fuego. Nuestros ojos contemplan la presencia del Espíritu Santo. Vemos mensajeros angelicales que provienen del trono del Todopoderoso. Nuestra esperanza crece, nuestro coraje es renovado, nuestra visión restaurada. En esos momentos, nos transformamos en una nueva clase de líder.

Ver más allá del velo

El criado de Eliseo tuvo un momento determinante. Al despertar aquella mañana, él había vivido toda su vida viendo únicamente lo que sus

una visión clara de lo que viene adelante

Chequeo de síntomas
Mi visión es pobre

- ☐ Veo los obstáculos mucho más claramente que la visión de Dios que supera todo obstáculo.

- ☐ Sé que hay un mundo espiritual que nos rodea, pero no tengo idea de cómo ver y discernir lo que está sucediendo en este mundo del espíritu.

- ☐ Hay momentos en los que siento que Dios me está dando una visión de lo que él quisiera hacer con mi vida y ministerio, pero los hago a un lado y me enfoco en lo que es práctico, aceptable, esperable y seguro.

- ☐ Mis ojos están siempre enfocados en el futuro y me resulta difícil mirar hacia atrás y aprender del pasado.

ojos podían ver. Esa noche al acostarse, él había visto las visiones de carrozas de fuego. Él había visto más allá del velo, hacia el mundo espiritual, y nunca sería el mismo.

¿Cómo es nuestra visión? ¿Ves con algo más que tus ojos físicos? ¿Estás consciente, diariamente, del mundo espiritual que existe a nuestro alrededor? ¿Sientes la presencia de Dios? ¿Puedes ver al Espíritu obrando en tus actividades diarias? ¿Estás consciente de las batallas espirituales que se libran en las regiones celestiales y en tu iglesia?

El apóstol Pablo escribe: «Por último, fortalézcanse con el gran poder del Señor. Pónganse toda la armadura de Dios para que puedan hacer frente a las artimañas del diablo. Porque nuestra lucha no es contra seres humanos, sino contra poderes, contra autoridades, contra potestades que dominan este mundo de tinieblas, contra fuerzas espirituales malignas en las regiones celestiales» (Efesios 6:10-12). Él

los ojos de un líder

Ayuda de mis amigos
¿Cómo guardas tu corazón?

Como líder de una iglesia grande, estoy consciente de que soy blanco de los ataques del maligno. Como una persona pecaminosa, soy un gran blanco. Lo que me ayuda es una tremenda honestidad dentro de mi propio corazón y la transparencia con un par de amigos de la iglesia. Me gusta tener chequeos de mis entrañas espirituales de manera periódica. Me hago preguntas difíciles como:

- ¿Estoy hablando o respondiendo con orgullo?
- ¿Estoy lastimando a alguien con mis palabras o acciones?
- ¿Me quejo porque busco atención?

Estas conversaciones internas honestas son en realidad de ayuda. También les he dado a dos amigos cercanos (ancianos de mi iglesia) libertad 24/7 para hablar con la verdad en mi vida. Ellos pueden preguntarme cualquier cosa. Es duro, pero funciona. Ellos me hacen preguntas sobre mis motivaciones en las reuniones, mis actitudes hacia la gente, mi pureza en relación a las mujeres y cualquier otra cosa que necesite ser examinada.

—Bob Bouwer, pastor principal de la Iglesia Faith, Dyer, IN

continúa describiendo las varias piezas de la armadura que nos ayudarán a mantenernos fuertes contra el enemigo. Este versículo, junto a muchos otros, nos recuerda que el liderazgo no solo consiste en establecer metas, dar mensajes, dirigir nuestra organización y mantener a la gente contenta. Los líderes cristianos están llamados a entrar en esta batalla. En el nombre del poder de Cristo resucitado, los líderes debemos dirigir a la iglesia hasta las puertas mismas del infierno y lanzar allí a nuestros enemigos de una patada (Mateo 16:18). Debemos buscar y salvar a aquellos que están perdidos (Lucas 15). Debemos resistir al demonio y lo veremos huir (Santiago 4:7). Debemos batallar con armas celestiales que demolerán fortalezas (2 Corintios 10:4). Si vamos a entrar a este campo de batalla y liderar al pueblo de Dios a la victoria, nuestros ojos deben estar fijos en Jesús.

Te cuido la espalda
El poder de discernimiento

La gente con el don espiritual del discernimiento son regalos para la iglesia y los líderes que aprenderán de ellos. Saben cuándo el enemigo está obrando. Ellos pueden discernir cuándo las motivaciones humanas son inconsistentes con el corazón de Dios. Aquellos que tienen este don espiritual bíblico (1 Corintios 12:10) y lo han desarrollado tienen la habilidad de dar palabras de advertencia e incluso de convicción a otros cristianos.

Yo no tengo este don, pero conozco a unas cuantas personas que sí lo tienen. Con los años, estas personas me han enfrentado con actitudes, motivaciones o acciones en mi vida que no honraban a Dios. En algunos casos, había trabajado arduamente para mantener estas cosas escondidas y sentía que únicamente Dios y yo sabíamos sobre ellas. ¡Estaba equivocado! Dios había retirado el velo y le había dado la visión espiritual a un hermano o hermana que venía ante mí y me llamaba la atención.

Por muchos años, me sentí molesto por esta situación. Luego me di cuenta de que necesito de las personas a mi alrededor que pueden ver áreas de pecado escondidas en mi vida, áreas que en ocasiones ni yo había notado. Los hermanos y hermanas que poseen el don de discernimiento me cubren la espalda en un nivel completamente nuevo y he aprendido a darles permiso para hablar en mi vida. Siendo honestos, todavía tiendo a ponerme a la defensiva y resistir lo que dicen… al principio. Pero con el tiempo, mi corazón se suaviza y recibe sus advertencias o palabras de convicción.

los ojos de un líder

> Todo líder tiene gente en su ministerio que posee el don de discernimiento. Somos tanto valientes como sabios cuando les buscamos e invitamos a hablar de nuestra vida. Si tú te sientes orientado a esto, asegúrate de dejar que esta gente sepa que estarás en la curva del aprendizaje y que es probable que estés un poco irritable o a la defensiva cuando, de manera inicial, ellos te presenten sus preocupaciones. También recuerda que ellos pueden fallar y que tú necesitarás buscar la palabra de confirmación del Señor a las advertencias que ellos te hayan hecho.

La sabiduría del pasado

Los líderes son visionarios. Ellos tienden a ver hacia adelante, aspirando a lo que está por venir, sin entretenerse en el pasado. En ocasiones, estamos en espera del futuro bajo nuestro propio riesgo. Los líderes sabios descubren el valor de la sabiduría del pasado. Ellos se detienen, hacen un giro de ciento ochenta grados y detenidamente observan dónde han estado y dónde ha estado la iglesia. Aprenden del pasado e incluso lo celebran.

⬅ Pasado | Futuro ➡
Visión de 180º

> Dios puede retirar el velo y revelar su presencia y lo hará de muchas formas. Como líderes, aprendemos a mirar hacia atrás para asimilar el pasado, miramos a nuestro alrededor para ver lo que Dios está haciendo ahora y miramos hacia adelante para buscar su visión para el futuro.

una visión clara de lo que viene adelante

Conocimientos médicos
Conoce tu historia familiar

Con los años, he tenido algunos doctores. La primera vez que me reúno con un doctor nuevo, me hace una serie de preguntas. Una de las categorías es la historia familiar. El doctor hace preguntas como: «¿Existe un historial de enfermedades del corazón en su familia?» Si lo tienes, él o ella pondrá especial atención a tu corazón. En la parte de la entrevista referente al historial familiar, siempre hay preguntas sobre fumar, beber y el uso de drogas. En este punto, siempre hablo sobre el historial de alcoholismo en mi familia. Me enteré de este historial cuando a los catorce años mi abuelita me contó del daño que el alcoholismo le ha causado a nuestra familia por muchas generaciones.

En este punto, todo doctor me da una severa advertencia de ser «muy, muy cuidadoso» en lo que se refiere a la bebida. Debido a mi historial familiar, tengo una predisposición, en muchos niveles, a convertirme en un bebedor. Yo siempre he escuchado cuidadosamente las advertencias de mis doctores.

Los líderes que desean permanecer saludables en su ministerio, descubrirán la sabiduría que yace en el conocimiento de su historial familiar. Esto es aplicable también en nuestra vida personal. Podemos evitar el pecado y la disfunción generacionales si estamos conscientes de ellos y tomamos las medidas para vivir de una manera diferente. Las decisiones dañinas de las generaciones pasadas no tienen que determinar nuestro futuro. De igual manera, los líderes que conocen la historia familiar de su iglesia pueden evitar fallas y patrones pasados. Los buenos líderes son buenos historiadores.

En mis primeros años en el ministerio, pasé aproximadamente 99,9% de mi tiempo forjando el futuro. Todo lo que me preocupaba era lo que estaba por venir. No tenía idea de que Dios estaba construyendo la iglesia actual en base a lo establecido por años, décadas y siglos.

Entonces, afortunadamente, conocí a Harold Korver, el pastor de una dinámica iglesia que se distinguía por ser transformadora de la comunidad, en Paramount, California. Era también papá de un amigo cercano que conocí en el seminario. Además de todo esto, Harold, de manera informal, mentoreaba a algunos líderes «visionarios», «poderosos» y «buscadores». Era un regalo puesto en nuestras vidas por un Dios amoroso y lleno de gracia que sabía que necesitábamos una voz invitándonos a mirar hacia atrás al mismo tiempo que forjábamos el futuro.

Un día mientras estábamos conversando, Harold dijo algo que penetró mi alma y dejó una huella en mi vida. Él estaba hablando de liderar una iglesia que tenía generaciones de historia. Harold dijo: «Bendice su pasado y ellos bendecirán tu futuro». Yo no asimilé el peso real de esta premisa hasta que llegué a ser el pastor principal de una iglesia que estaba celebrando su centenario el mismo domingo en que yo comencé mi ministerio.

La iglesia Corinth en Byron Center, Michigan, tenía generaciones de historia bajo el puente antes de que yo apareciera en escena. Esta iglesia había estado sirviendo a Jesús por muchas décadas antes de que yo siquiera hubiera nacido. Al iniciar mi ministerio, mi tendencia natural fue la de forjar el futuro. Pero las palabras del pastor Korver resonaban en mis oídos y estaban vivas en mi corazón. Así que estudié la historia de la iglesia. ¿Cuándo y dónde había Dios obrado cosas grandiosas? ¿Quiénes habían sido los pastores que en estos años Dios había llamado a influenciar a esta congregación? Caminaba por el pasillo cerca de las oficinas de la iglesia y observaba la fila de fotografías de los pastores que habían guiado a la iglesia en el último siglo. Estudié sus rostros, sus ojos. Le agradecí a Dios por estos hombres.

Al reflexionar sobre el pasado y tratar de aprender de las victorias y equivocaciones de los antiguos pastores, me sentí motivado a hacer algo. Averigüé qué pastores estaban todavía vivos y le escribí a cada uno de ellos una nota personal. Les agradecí por su liderazgo, valentía y amor por la iglesia y las muy particulares contribuciones que Dios les había guiado a hacer. Les pedí sus oraciones mientras guiaba a esta siguiente generación. Yo ansiaba bendecirles y bendecir lo que Dios había hecho en el pasado. Recibí contestaciones de algunos de estos líderes y fui conmovido por todo lo que significó para ellos el recibir

Construir redes

Bendecir el pasado

Si la iglesia en la que estás sirviendo ha existido por un buen tiempo, aprende su historia: la buena, la mala y la fea. También, si hay pastores que sirvieron antes que tú, piensa en bendecirlos de alguna forma e invítalos a orar por ti y la iglesia. Permíteles ser compañeros en la siguiente jornada.

Todavía puedo recordar cuando le envié una nota a uno de los pastores anteriores de la iglesia Corinth, James Goldschmeding. Jim fue llamado a liderar en una difícil época de transición. Su papel fue enfrentar duros cimientos, llevando un fuerte desafío al considerar el cambio de estilo de adoración y mover el corazón de la iglesia hacia afuera. Él sirvió en una época de labranza, plantación y riego. Pero no se quedó a la cosecha. Cuando yo llegué, la iglesia estaba lista para la siega. Cuando le escribí a Jim y más tarde hablé con él personalmente, le dije que su servicio fiel y su fuerte liderazgo habían preparado a la iglesia para un tiempo de crecimiento y cosecha espiritual. Él fue capaz de compartir el gozo que la gran obra de Dios estaba haciendo y se le recordó que su duro trabajo fue parte de la presente cosecha.

palabras de bendición y ser invitados a apoyar en oración a la siguiente etapa del ministerio de la iglesia.

También fui motivado desde el púlpito a bendecir el pasado tan a menudo como me fuera posible. Esta iglesia estaba llena de gente cuyas familias habían sido parte de la congregación por casi cien años. Hablé del coraje y la fe de estas amadas personas que se habían sacrificado para construir una pequeña iglesia en medio de la nada. Celebré su tenacidad por mantener la iglesia viva, incluso cuando el ferrocarril, que se suponía iba a cruzar exactamente en medio de la iglesia, fue reposicionado a unas cuantas millas al sur de la floreciente metrópoli de Moline (población 219). A menudo, le recuerdo a la congregación de la fe que ellos mostraron por muchos años antes de que yo guiara a la iglesia. Solo unos pocos años antes de que yo llegara, la iglesia había comprado dieciocho acres de tierra y había construido un centro de adoración que era prácticamente tres veces más grande que la congregación. Les recuerdo que, o bien eran increíblemente visionarios, o simplemente irresponsables.

Mientras más de cerca observaba, más cosas encontraba por las cuales celebrar. Todavía puedo recordar el domingo por la mañana, cuando dos años después de iniciado mi ministerio en Corinth, les pedí a todos aquellos que habían sido parte de la iglesia cuando se construyó el nuevo centro de adoración que se pusieran de pie. Agradecí a estas personas por tener la visión de crear un espacio para la gente nueva. Les bendije por asumir el costo y creer en Dios. Antes de que pudieran sentarse, de manera espontánea, todos aquellos que permanecieron sentados comenzaron a aplaudir. Había casi tanta «gente nueva» como miembros antiguos. Muchos de aquellos que habían llegado hasta la iglesia en los últimos dos años eran nuevos creyentes. Su vigoroso y voluntario aplauso lo dijo todo. Ellos estaban expresando su agradecimiento por la fidelidad del pasado.

Los ojos de la sabiduría

Al inicio de mi ministerio en Corinth, admití que aprender del pasado es mandatorio para un futuro saludable en el ministerio. Comencé a llamar a algunos de los líderes que habían tenido un impacto determinante en la iglesia en el pasado. Deseaba aprender mirando hacia atrás, pero mi punto de ventaja era apenas limitado.

Necesitaba ayuda, así que hice una lista de la gente que pensé podía enseñarme. El primero de mi lista era Warren Burgess. Él había crecido en la pequeña comunidad de Byron Center y era hijo de la iglesia. Se había convertido en pastor y había guiado a algunas iglesias con gran eficacia. Al llegar su retiro, Warren volvió a su comunidad. Rápidamente me contacté con él y le pregunté si estaría dispuesto a ofrecerme su consejo y perspectiva cuando yo la necesitara. Poco tiempo después, él pasó a ser parte del personal a medio tiempo de la iglesia que tenía como fin llevar nuestros ministerios a aquellos que estaban en el hospital o recluidos. Él reclutó y entrenó a un asombroso equipo de miembros de la iglesia que ministran con compasión a los hermanos de la congregación que están enfrentando momentos de necesidad. Incontables ocasiones en la siguiente década me acerqué a Warren en busca de conocimiento, oración y sabiduría.

Algo glorioso surgió de esta asociación en el ministerio. Su amor por Jesús, su espíritu amable y su piadosa autoridad impactaron a todos en la iglesia. Aquellos que tenían más de cincuenta años y de alguna forma se sentían cansados ante las «nuevas cosas» y los «cambios extraños», mostraban un profundo respeto por Warren. Cuando él dijo: «Apoyo lo que Dios está haciendo en Corinth», estas personas estuvieron más dispuestas a subir a bordo. Tuvo un gran impacto

Te cuido la espalda

Conoce tu historia

Si tú no tienes un fuerte conocimiento de la historia de la iglesia a la que sirves, reúnete con los historiadores locales. Siempre hay un grupo de gente que conoce y ama la historia de la iglesia. Reúnelos para tomarse un café y pídeles que te la cuenten. Si este proceso es útil y el grupo ofrece una buena perspectiva, piensa en pedirles que hagan tres cosas:

- ♣ Orar para que la siguiente etapa de la historia de la iglesia dé honra a Dios y bendiga a la gente.
- ♣ Estar disponibles si los necesitas como una tabla de salvación, a la hora de lidiar con la forma en que las decisiones futuras puedan impactar a quienes han estado por largo tiempo en la iglesia.
- ♣ Bendecir donde Dios esté llevando a la iglesia en el futuro como una forma de honrar el pasado.

el que Warren se parara frente a la congregación y bendijera a otros pastores y a nuestro liderazgo. La voz del pasado bendijo el futuro y experimentamos unidad en lugar de una guerra civil.

Alabo a Dios por el coraje que Harold Korver tuvo al decirles estas palabras a un grupo de líderes emergentes: «Bendice su pasado y ellos bendecirán tu futuro. Maldice su pasado y ellos maldecirán tu futuro». Muchos de nosotros nos enfocamos únicamente en el futuro y nos olvidamos de aprender, recordar y bendecir el pasado. Cuando nuestros ojos miran atrás, descubrimos mucho en cuanto a dónde Dios desea llevarnos en el futuro.

Mira a tu alrededor y fíjate dónde está obrando Dios

La primera ocasión en que utilicé con un grupo el material de estudio *Mi experiencia con Dios* de Henry Blackaby, quedé asombrado por la simplicidad de su mensaje. ¡Mira alrededor, ve dónde Dios está obrando y únete! Una y otra vez, Henry narra las historias de cómo este enfoque directo transformó una vida o una iglesia.

No trataré de duplicar lo que Henry enseña, pero te dirigiré a su obra insigne *Mi Experiencia con Dios* y sus muchos otros libros sobre mirar a tu alrededor y entrar al fluir de lo que Dios está haciendo. Motivo a todo equipo de liderazgo de una iglesia a estudiar estos materiales. Durante el curso de más de una década, el equipo de liderazgo de Corinth ha buscado ir más lento, mirar alrededor y notar dónde está obrando Dios. Cada vez que hemos hecho esto, hemos notado un claro movimiento del Espíritu de Dios, nos hemos unido a él y han sucedido buenas cosas.

A mediados de los noventa, pudimos ver que la iglesia estaba creciendo y que Dios estaba trayendo a ella muchas familias jóvenes. Había niños pequeños en todas partes, la guardería estaba a reventar y había muchos bebés en camino. Probablemente no se necesitaba de un gran discernimiento espiritual, pero identificamos la necesidad de desarrollar nuestro ministerio de niños. Por aproximadamente ciento cuatro años, habíamos operado el departamento de niños únicamente con voluntarios. Yo sabía que sería presionar demasiado tratar de que muchos de nuestros miembros vieran la necesidad de añadir un director de niños a nuestro personal. «Hemos trabajado perfectamente bien sin una persona de planta por cien años», sería el grito de batalla.

Sabiendo que esto podía resultar difícil de lograr, el personal y la junta de la iglesia propusieron añadir una persona estratégica a tiempo parcial para que asumiera el rol de «preparador de los santos para el ministerio» de nuestros niños. El equipo a cargo encontró a una mujer en la iglesia con un título universitario en educación, que había estudiado en el seminario y poseía un grado académico en formación teológica y espiritual y estaba casada con el pastor principal. Le ofrecieron a mi esposa Sherry el puesto. Ella oró por ello y aceptó. Ocho años más tarde, ella estaba liderando a un equipo de cinco personas y este equipo estaba a cargo de supervisar a aproximadamente doscientos voluntarios que dirigían el ministerio de niños, desde la guardería hasta cuarto grado. En esa época el departamento de niños, incluyendo a niños y voluntarios, era más grande que toda la iglesia al momento en que decidimos crear esa división. Ocho años antes, miramos alrededor y vimos dónde estaba obrando Dios. Nos atrevimos a entregarnos y confiar, por fe, en que Dios nos guiaría hacia adelante. Y las vidas de cientos de niños han sido impactadas de maneras gloriosas.

Otro ejemplo de mirar alrededor y ver lo que Dios está haciendo en la iglesia Corinth comenzó hace una década y continúa en la actualidad. Los miembros de la iglesia siempre han tenido pasión por compartir el mensaje de Jesús con la gente de la comunidad y de todos los confines de la tierra. Durante los primeros cien años de la historia de la iglesia, llevaron a cabo esto básicamente enviando dinero a misiones en el exterior. Como muchas otras iglesias, Corinth tenía un corazón para alcanzar, pero no sabía qué pasos dar más allá del apoyo tradicional a las misiones.

Cuando empecé mi ministerio pastoral en la iglesia, dejé en claro que una de nuestras áreas primordiales de enfoque era la evangelización. La iglesia había expresado su compromiso de cumplir la Gran Comisión y estuvimos de acuerdo en que le daríamos especial énfasis en los años venideros. Los miembros de la iglesia siempre habían creído en el llamado para alcanzar al perdido. Ellos siempre habían deseado actuar. Ahora era el momento. Los corazones estaban bien, el compromiso era público y estábamos listos para salir a los campos de cosecha.

En los años venideros, desarrollamos un equipo para alcanzar al perdido que se asoció con todos los ministerios de la iglesia. Nos volvimos más intencionales en lo que al apoyo a las misiones en el exterior se refiere y además enviamos equipos al campo de misión, incluyendo Kenia, para llevar a cabo trabajos sobre el SIDA, a México para trabajar con la gente en la indigencia, a Nueva Orleans para apoyar con lo del huracán, a los Países Bajos para llevar a cabo actividades de adoración y evangelización en las calles, a Egipto para ayudar a una iglesia desarrollando sus instalaciones y al Caribe para reconstruir una escuela. Al mismo tiempo, la iglesia se involucró en más de treinta ministerios de alcance local, entrenó a más de dos mil creyentes en evangelización personal y vio a cientos llegar a la fe en nuestra propia comunidad.

Vimos la obra de Dios agitando corazones y llamándonos a seguir adelante. Pero la iglesia tenía que dar los pasos para alcanzar a la gente con el amor de Dios. Esta es una asombrosa figura. Antes de comprometernos de todo corazón a hacer de la iglesia Corinth un centro de evangelización, el presupuesto de la iglesia era de doscientos cuarenta mil dólares al año. En la actualidad, el presupuesto solamente para evangelización a nivel local y mundial es de más de un cuarto de millón de dólares. Una vez más, cuando miramos a nuestro alrededor y vimos la obra de Dios, cuando nos entregamos, Dios se mostró e hizo cosas maravillosas.

Los líderes saludables miran hacia atrás para aprender del pasado; ellos también saben cómo conocer las épocas y ver lo que Dios está haciendo en la actualidad. Y los líderes buscan la sabiduría del Espíritu cuando miran hacia adelante y siguen a Dios hacia el futuro.

Desarrollar una visión que honre a Dios

Después de mi primer año como pastor guía en la iglesia Corinth, formamos un equipo de largo alcance representando una sección clave de la iglesia: jóvenes y viejos, hombres y mujeres, miembros a largo plazo y gente nueva. Este equipo debía trabajar con los pastores para establecer metas de uno a dos años, de tres a cinco años y de seis a diez años. En un siglo de ministerio, la iglesia nunca había llevado a cabo esta clase de proyección de la visión.

A los dos meses de estar inmersos en el proceso, nos encontramos con un obstáculo en el camino. Estaba ahí, justo en medio de este, y no podíamos proceder hasta que tratáramos con él. El problema surgió cuando la gente del equipo de planificación comenzó a hacer comentarios como: «No cumpliremos ningún objetivo a largo plazo, porque el pastor saldrá en un par de años» y «¿Por qué establecer esta clase de metas? El siguiente pastor nos guiará en otra dirección». Yo estaba un poco herido al darme cuenta de que la mayoría de las personas de este equipo creativo (algunos de la crema y nata de la iglesia) pensaba que yo iba a estar allí tan solo por algunos pocos años.

Entonces caminé por el pasillo de la iglesia mirando los retratos de mis predecesores en el pastorado. Estudié las pequeñas placas doradas debajo de sus rostros y fui impactado por la realidad de que el pastor promedio se había quedado en la iglesia por únicamente tres o cuatro años. Estas personas estaban sencillamente respondiendo a su experiencia de décadas anteriores. Ellos tenían una buena razón para esperar que yo tuviera una corta estadía.

Yo, por otro lado, sentía el claro llamado de Dios a planificar el futuro y buscar la visión de Dios para un ministerio extendido. ¿Cómo resolveríamos estas dos percepciones encontradas?

Después de contarle a Sherry el dilema, nos comprometimos a tener un período de intensa oración. Oraríamos para que Dios nos guiara y nos hablara sobre nuestro ministerio. Invitamos a los líderes de la iglesia y a las parejas de nuestro grupo pequeño a apoyarnos en la búsqueda del liderazgo y la voluntad de Dios para nuestras vidas. Después de dos meses, la respuesta llegó claramente cuando Dios nos habló, tanto a mí como a Sherry. Haríamos un compromiso de diez años con la iglesia Corinth.

Hicimos el anuncio ante la junta de la iglesia, el personal, el equipo de planificación a largo plazo y luego la congregación de que estaríamos sirviendo a la Iglesia Reformada Corinth por no

Sugerencias de autoevaluación
¿Escalones o un compromiso en el Reino?

Evalúa tu compromiso con tu ministerio actual. ¿Ves este lugar como un escalón para cosas más grandes y mejores, o como una tarea del reino de Dios para ti? En ocasiones, las asignaciones de Dios son a corto plazo, pero estoy cada vez más convencido de que las iglesias necesitan líderes comprometidos para un largo recorrido. Es difícil liderar una iglesia si la gente sabe que empacarás poco después de que te hayas instalado. Si ves tu lugar de servicio como un escalón hacia un mejor trabajo, pídele al Espíritu que le hable a tu corazón sobre esto. Si tú crees que estás exactamente donde Dios quiere que estés, piensa en orar para comprometerte con este lugar en un ministerio a largo plazo.

menos de diez años. Tan rápido como un chasquido de dedos, el escollo en medio del camino fue removido y seguimos adelante. Me sorprendió que nadie en la iglesia cuestionara que hubiésemos escuchado al Señor y que nuestro compromiso fuese sincero. Aceptaron nuestra palabra y estuvieron listos para seguir adelante.

Durante los dos años siguientes, la iglesia se involucró en las metas de uno a dos años y también se comprometió con todos los objetivos de tres a cinco años. Pasamos de uno a dos servicios matutinos dominicales. Cambiamos el estilo tradicional y el orden en la adoración, que no había sido alterado de manera importante en los últimos cien años, e introdujimos al servicio música nueva y elementos creativos. Construimos un centro de entrenamiento ministerial que nos permitió expandir nuestro ministerio de jóvenes, así como convertirnos en una sede regional de entrenamiento. Añadimos otro pastor a tiempo completo. Y compramos otros quince acres de tierra. Todavía recuerdo la noche en la que el equipo de planificación a largo plazo presentó su visión a diez años. Pensé que era demasiado audaz. Sentí que estaban pidiendo demasiado. Me gustaron todas las ideas y sabía que Dios podía cumplir todas esas cosas, pero no pensaba que la iglesia pudiera aceptarlas. No solo la iglesia aceptó la visión, sino que se desató una furia completa de oraciones, generosidad y trabajo ético del Medio Oeste en ellos.

Cuando el período de diez años se acercaba a su fin, muchos se preocuparon de que yo empacara para irme. Pero Dios me llamó a mí, a Sherry y a nuestros hijos a continuar en el ministerio en Corinth. Los siguientes dos años continué como pastor principal, transfiriendo mucho de mi papel de liderazgo a Don Porter, el pastor al que trajimos para cumplir uno de los objetivos de tres a cinco años de la iglesia.

Entonces, cuando parecía el momento correcto, con la bendición y el liderazgo de la junta de la iglesia, Don tomó las riendas como pastor líder y yo me convertí en el pastor de discipulado. Por un año y medio, permanecí en este rol y continué una gloriosa etapa en el ministerio en Corinth, en las áreas de predicación y evangelización. Entonces, con gran claridad, Dios me llamó a concluir mi ministerio en la iglesia Corinth a inicios del año 2007.

En otoño de 2006, Sherry y yo nos sentamos con Don y Beth Porter y les dijimos, con el corazón quebrantado, que nuestro ministerio en Corinth había llegado a su fin. Debes entender que las palabras no pueden expresar el amor que nosotros tenemos por este cuerpo de creyentes. Nuestras vidas habían sido formadas por ellos en muchas maneras que no podemos comprender completamente. Cuando llegamos a la iglesia, nuestros hijos tenían seis, cuatro y dos años. Ahora son jóvenes. La mayor parte de nuestras vidas adultas ha sido invertida en construir una iglesia comunitaria bíblica en la zona de Grand Rapids. Nosotros no queríamos irnos. Cuando concluí mi ministerio en Corinth, la iglesia estaba en una época fructífera, con una salud y unidad sin parangón en sus ciento catorce años de historia. Además de todo, cuando salí, un nuevo equipo estaba fijando una serie de nuevos objetivos para el siguiente ministerio.

Proyectar una visión para el siguiente capítulo

Luego de más de trece años de liderar las reuniones de junta en la iglesia Corinth, llegué a mi última reunión. Con aproximadamente ciento sesenta reuniones tras de mí, tenía la última oportunidad de hablar a las vidas de los miembros de la junta. Miré a este grupo de líderes y les di una exhortación final: Sigan la visión de Dios. Les dije cómo creía que ellos sabrían cuándo estaban en camino. Mi lista no fue exhaustiva y simplemente pretendía ayudarles a juzgar si estaban en el camino correcto. Yo cierro este capítulo con tres afirmaciones sobre la visión de la iglesia, que espero te inspiren a evaluar la visión de tu congregación:

1. *La visión de Dios siempre será más grande de lo que tú puedes manejar por tu cuenta.* Les aseguré que si tomaban las riendas del ministerio y hacían únicamente lo que podían manejar por su cuenta, podían estar seguros de que Dios no sería parte de ello. Dios quiere que no lo sepamos todo para que seamos llevados a nuestras rodillas en oración, forzados a confiar únicamente en él para que toda la gloria sea suya. Cuando seguimos la visión de Dios para nuestras vidas y ministerios, podemos estar seguros de que no hay forma de que nuestra energía, creatividad o pasión pueda haber logrado las grandes cosas como resultado. Declaramos: «¡Solo Dios!» y le damos la gloria.
2. *La visión de Dios siempre nos costará más de lo que podemos dar*, y llevará a los líderes a llamar a otros a sacrificarse más de lo que sienten que es posible. Nosotros estamos

llamados a la cruz, a ofrecer todo nuestro cuerpo como sacrificio vivo, a colocar todo en el altar. Podemos saber que estamos encaminados por la visión de Dios cuando hayamos entregado todo lo que tenemos y escuchemos un llamado a dar aun más.

3. *La visión de Dios siempre nos llevará hacia las necesidades del mundo y los corazones de los perdidos.* Cualquiera sea el ministerio en el que nos encontramos, Dios siempre moviliza a su gente de manera creciente hacia aquellos que están quebrantados, solos, perdidos y necesitados. Si estamos entrando en un nuevo territorio y alcanzando al perdido, estamos en el camino correcto.

capítulo 5

Las palabras positivas traen bendición y energía
La boca de un líder

Yo sé que mis palabras en realidad importan. Soy un líder en la iglesia de Cristo y lo que diga puede traer sanidad o lastimar profundamente. Este es el desafío que enfrento: la gente a menudo se siente en libertad de criticarme. En ocasiones chismorrean sobre mí. Incluso hay gente que me ataca de frente. Hay ocasiones en que quiero devolver el golpe, hablar claro, decirles lo que en realidad pienso, y en esos momentos mis palabras no serán muy pastorales. Pero estoy llamado a seguir por el camino correcto. Oh Dios, guarda mi lengua. Perdóname las palabras duras dichas en momentos de ira. Enséñame a usar lo que digo para bendecir y nunca para incendiar. Y dame la sabiduría para decir la verdad en amor, incluso cuando sea difícil hacerlo.

las palabras positivas traen bendición y energía

> El charlatán hiere con la lengua como con una espada, pero la lengua del sabio brinda alivio. Los labios sinceros permanecen para siempre, pero la lengua mentirosa dura solo un instante.
>
> —Proverbios 12:18-19

> Al sabio de corazón se le llama inteligente; los labios convincentes promueven el saber.
>
> —Proverbios 16:21

> En la lengua hay poder de vida y muerte; quienes la aman comerán de su fruto.
>
> —Proverbios 18:21

> La angustia abate el corazón del hombre, pero una palabra amable lo alegra.
>
> —Proverbios 12:25

Me encanta estar junto a Ken Korver. Ha sido un amigo y compañero en el ministerio por más de dos décadas. Respeto y aprecio muchas cualidades de Ken. Pero por sobre todas las cosas está su habilidad para bendecir. Cada vez que hablo con Ken, recuerdo que Dios me ama y se regocija en mí. Ken está siempre dispuesto a dar una honesta palabra de motivación.

Aunque Ken tiene mi edad y fuimos juntos al seminario, él se siente cómodo mirándome directo a los ojos y diciendo: «Kevin, estoy muy orgulloso de ti. ¡Puedo ver la obra de Dios en tu vida!». Estas palabras calan profundamente en mi alma y me inspiran a ser más fiel al llamado de Dios. Cada vez que estoy con Ken o hablo con él por teléfono,

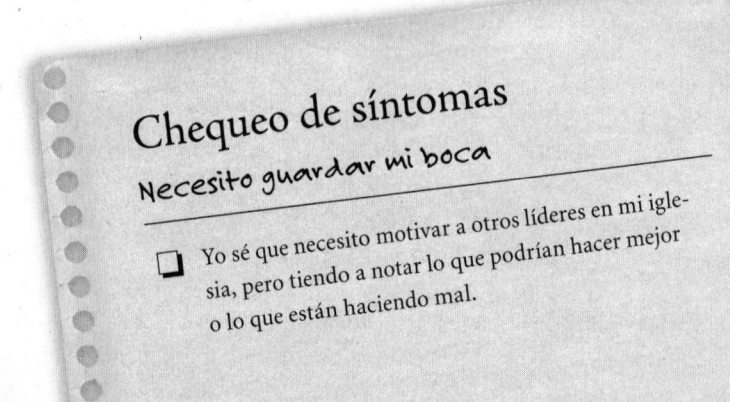

Chequeo de síntomas
Necesito guardar mi boca

☐ Yo sé que necesito motivar a otros líderes en mi iglesia, pero tiendo a notar lo que podrían hacer mejor o lo que están haciendo mal.

la boca de un líder

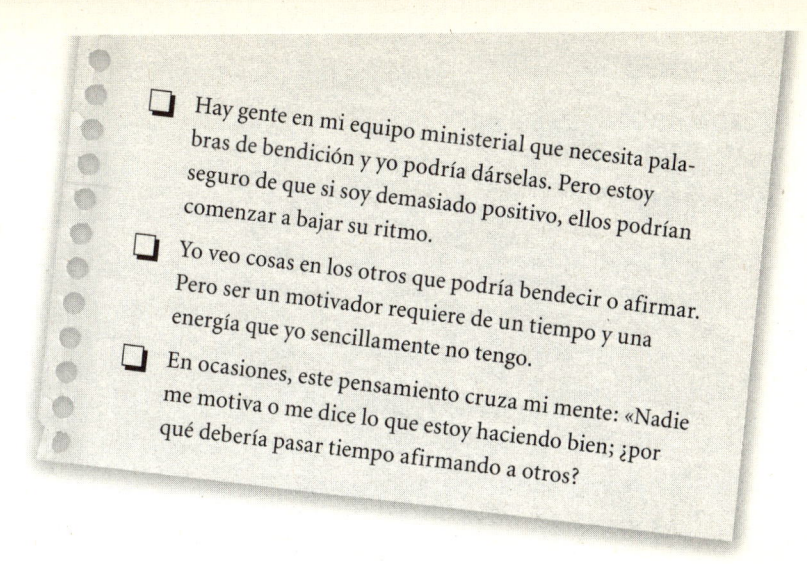

> - Hay gente en mi equipo ministerial que necesita palabras de bendición y yo podría dárselas. Pero estoy seguro de que si soy demasiado positivo, ellos podrían comenzar a bajar su ritmo.
> - Yo veo cosas en los otros que podría bendecir o afirmar. Pero ser un motivador requiere de un tiempo y una energía que yo sencillamente no tengo.
> - En ocasiones, este pensamiento cruza mi mente: «Nadie me motiva o me dice lo que estoy haciendo bien; ¿por qué debería pasar tiempo afirmando a otros?

recuerdo el poder de la bendición. Su ejemplo me inspira a usar mis palabras para edificar a otros.

Crea una cultura de bendición

Las iglesias donde abundan las palabras de amabilidad y motivación tienen el aroma de la vida. He entrado en congregaciones y he sentido la salud y el gozo que existen debido a su cultura de bendición. Lo opuesto también se aplica. Las congregaciones y los equipos de trabajo que están llenos de crítica, ataques por la espalda y chismes tienen la fetidez de la muerte. Los líderes sabios utilizan sus palabras para edificar a otros y crear estratégicamente. Aunque podríamos vernos tentados a ser críticos y negativos, el antídoto para este comportamiento es aprender a bendecir.

En la iglesia Corinth hemos usado la práctica de escribir notas como una forma de hacer de la motivación algo fácil para todos. Años atrás, tuvimos un artista en la iglesia que creó cuatro diferentes tarjetas con el logo de nuestra iglesia y unas pocas palabras que decían: «En oración por ti», «Gracias», «Una nota del pastor» y una tarjeta extra para cualquier clase de notas. Todo miembro del equipo de trabajo mantiene estas tarjetas en su escritorio y se espera que las use a menudo. Las tarjetas son un recordatorio del valor de una nota de motivación escrita a mano.

De manera ocasional, durante una reunión del equipo de trabajo, podíamos tomar algunas tarjetas en blanco de «Gracias» o «En ora-

las palabras positivas traen bendición y energía

Construir redes
Ponlo en papel

Facilita a tu personal, miembros de la junta y líderes ministeriales la posibilidad de dar una palabra de aliento. Crea tu propia colección de tarjetas y entrega unas copias a cada uno de los líderes de tu iglesia (con sobres sellados). Durante tus reuniones, de manera ocasional, separa tiempo para permitirles escribir una o dos notas. Usa este tiempo para enseñar la importancia de bendecir a aquellos que lideramos, a aquellos con quienes servimos y a aquellos que nos lideran.

IGLESIA REFORMADA
CORINTH
En oración por ti

IGLESIA REFORMADA
CORINTH
Una nota del pastor

IGLESIA REFORMADA
CORINTH
¡Gracias!

ción por ti» y escribir notas como parte de nuestra reunión. Esta es una manera sencilla de ayudar a la gente a tener (y mantener) el hábito de bendecir a otros, y con el pasar de los años, una cultura de motivación ha surgido. Es normal caminar al cubículo de trabajo de un miembro y ver numerosas notas sobre el escritorio o pegadas en la pared.

Años atrás estaba convencido de la importancia de motivar a otros con una breve nota. Así que en mi hoja de trabajo diario añadía tres

la boca de un líder

cosas: escribir una nota para el personal y escribir dos notas para los miembros de la iglesia. Seis días a la semana, envío tres notas de bendición y motivación escritas a mano. La mayoría de estas solamente son de tres o cuatro líneas, pero significan más de lo que puedes imaginar.

Si me siento a escribir estas notas y no puedo pensar en una persona que pueda necesitar esta tarjeta, simplemente oro y espero. «Dios, ¿quién necesita una palabra de bendición? ¿Quién necesita motivación el día de hoy? ¿A quién quieres tocar con tu gracia?» Espero en oración hasta que un nombre, situación o rostro venga a mi mente. Una vez que siento quién necesita una palabra de bendición, escribo. Es asombroso cuán a menudo estas personas, aquellas que Dios ha colocado en mi corazón, me llaman o se acercan a mí en la iglesia para decirme: «Gracias por su nota, llegó en el momento preciso».

Un domingo se me recordó cuán importante es esta disciplina. Un voluntario del equipo técnico de la iglesia se acercó a mí después de la adoración. Este joven se parece a Jesse «the Body» Ventura (ex luchador profesional y gobernador de Minnesota). Es un hombre fuerte, muy masculino, seguro de sí mismo. Con ternura en sus ojos, me dijo: «Pastor, necesito decirle algo. Por algunos años usted me ha escrito notas diciéndome cuánto me ama Dios. He guardado cada una de ellas. Las guardo en una caja en casa. Cuando me siento desmotivado y me pregunto si Dios en realidad puede hacer algo con mi vida, saco esas notas y las leo. Pensaba que usted debía saberlo».

Construir redes
Prodigiosa bendición

Mi esposa, Sherry, estaba hablando con una amiga que asiste a una maravillosa iglesia de las Asambleas de Dios en Grand Rapids. Su amiga dijo con emoción: «¡Oramos por tu iglesia el domingo! Cada semana nuestro pastor ora por una iglesia y un pastor local durante nuestro servicio de adoración. Esta semana oramos por la iglesia Corinth y el pastor Kevin Harney».

continúa ⮕

las palabras positivas traen bendición y energía

> Un par de días después, recibí una nota en el correo del pastor Sam de la Primera Iglesia de Grand Rapids. Él quería que supiera que había orado por nuestra iglesia y por mí como pastor el domingo anterior. También deseaba que supiera que iba a continuar orando a lo largo de la semana. Poco sabía él que yo me encontraba en una época de transición ministerial importante y necesitaba sus oraciones.
>
> Esta es una bendición por encima y más allá del llamado del deber. Muchos pastores ven a otras congregaciones como competición, en lugar de como compañeros en el ministerio. El ejemplo de Sam me bendijo y me recordó que el deseo de Dios es que trabajemos juntos para llevar la gracia de Dios a nuestra comunidad. Creo que este ejemplo debería ser seguido por las iglesias de todo el mundo. ¿Qué asociaciones podría forjar el Espíritu Santo y qué amistades podrían surgir si los líderes de las iglesias locales se bendijeran unos a otros con oraciones sentidas en el corazón y notas de motivación cada semana?

Sus palabras me sorprendieron. Yo sabía que la práctica de escribir cartas era importante, pero la sinceridad en su voz y la mirada en sus ojos me motivaron a una mayor diligencia y me recordaron por qué necesito alentar a otros líderes a hacer lo mismo.

Junto a las palabras de motivación, los buenos líderes conocemos el valor de bendecir con nuestras bocas. Hay ocasiones en las que podemos emitir palabras de afirmación para toda la congregación. Podemos celebrar cuando vemos al pueblo de Dios sirviendo, sacrificándose y amando. Es bueno y justo para un líder prodigar afirmación para toda la iglesia.

También podemos tomar el teléfono y llamar a la gente que sirve de manera fiel. Un corto mensaje en su correo de voz, un mensaje de texto o unas pocas palabras en el teléfono pueden elevar el espíritu y arreglarle el día a alguien.

También podemos mirarnos en persona a los ojos y decir bendiciones que salgan de nuestro corazón. Para algunos, hacer esto es un poco incómodo. Y puede ser extraño para algunos recibir esa bendición. Pero esos momentos están impregnados con la presencia del Espíritu Santo. La sanidad se desata por medio de las palabras de bendición. Las amistades se forjan. Dios se muestra en estas ocasiones y edifica su

> ## Te cuido la espalda
> ### Ayúdame a ser alguien que bendiga
>
> ¿Eres bueno bendiciendo y afirmando a otros o eres propenso a la crítica? Mira a tu alrededor para descubrir cómo puedes crecer en esta área de liderazgo. Escoge tres personas que te ayuden: una a quien tú lideres, otra que te acompañe en el ministerio y otra que tenga un rol de liderazgo o mentoreo en tu vida. Hazles las siguientes tres preguntas:
>
> 1. Si conoces a una persona que ha sido herida por mis palabras, ¿qué crees que necesito hacer para sanar y restaurar esa relación?
> 2. ¿Qué consejo me darías para ayudarme a ser más eficaz al momento de guardar mis palabras y volverme más motivador para otros?
> 3. Menciona dos personas que tú sientes podrían necesitar bendición de mi parte.
>
> Si quieres avanzar al siguiente nivel en responsabilidad, invita a estas personas a responder estas tres preguntas en cualquier momento que ellos piensen que puede serte útil.

iglesia. Necesitamos hacer de la afirmación personal una rutina.

El libro de Proverbios deja claro que la vida y la muerte están envueltas en el poder de nuestras palabras. Los líderes saludables deciden aprender cómo bendecir a otros libremente y con frecuencia. También crean una cultura en la cual la motivación es la norma, entretejida en la tela de la iglesia.

Crear una zona libre de chismes

Los cristianos tienen conflictos unos con otros. Hay fricción en las relaciones, la comunicación se rompe y la tensión crece. Somos sencillamente personas y enfrentamos los mismos desafíos relacionales que cualquier otra persona enfrenta. La diferencia es que tenemos lineamientos claros como el cristal sobre cómo responder en estas ocasiones de dolor y frustración. No se nos permite chismorrear (Romanos 1:29; 2 Corintios 12:20). No podemos andar por la iglesia ventilando nuestras frustraciones con cada persona que nos encontramos. De cierto, no debemos hablar pobremente de otros y disfrazarlo como un pedido de oración.

Jesús nos ha dado un sencillo proceso para tratar con las relaciones rotas. Jesús dijo: «Si tu hermano peca contra ti, ve a solas con él y hazle ver su falta. Si te hace caso, has ganado a tu hermano. Pero si no, lleva contigo a uno o dos más, para que «todo asunto se resulva mediante el testimonio de dos o tres testigos». Si se niega a hacerles caso a ellos, díselo a la iglesia; y si incluso a la iglesia no le hace caso, trátalo como si fuera un incrédulo o un renegado» (Mateo 18:15-17).

Por más de una década, los miembros y el personal de la iglesia Corinth han usado este texto como una regla indiscutible para lidiar con el conflicto. Ha conducido a un nivel de unidad y paz en la iglesia que ha sido un gozo experimentar. Este versículo es uno de los más conocidos y menos usados de la Biblia. Son muchos los líderes que están conscientes de él y creen que es cierto, pero no lo introducen en la cultura de la iglesia.

Hay cuatro pasos básicos para el manejo bíblico de un conflicto. Cada uno tiene directrices de comportamiento, así como implicaciones de lo que podemos hacer en nuestra comunicación. He aquí cómo hemos interpretado y aplicado este versículo en la forma en que vivimos juntos en la iglesia local.

Paso 1: cara a cara
Paso 2: con uno o dos cristianos de confianza
Paso 3: involucra a líderes de la iglesia
Paso 4: alcanza con gracia

Paso 1: Cara a cara

Si tienes un problema con alguien, estás obligado a ir hasta esa persona y cara a cara solucionarlo. Esto significa que *no puedes* hablar sobre tu frustración con nadie más. No puedes soltar indirectas sobre este problema con ningún otro miembro del personal. No puedes pedir oración de tal manera que sutilmente reveles detalles del conflicto y, por lo tanto, chismorrees. No puedes permitir que nadie más sepa que tienes un problema con otro miembro del personal, a menos que hayas ido primero con ese miembro y buscado la reconciliación. Tampoco puedes simplemente guardarte la frustración y decidir vivir con ella, con tu dolor y con tu ira. Jesús deja claro que estás obligado a solucionar el problema.

Los líderes de iglesia saludables aprenden cómo reunirse con la gente que ha pecado en contra de ellos y abren su corazón. Ellos buscan la reconciliación. Ellos no guardan la amargura y permiten que esta envenene su alma. Ellos saben que los encuentros cara a cara llevan a la restauración.

Paso 2: Con uno o dos cristianos de confianza

Si has ido hasta la persona cara a cara y has tratado de solucionar el problema que tenías con él o ella, pero no han sido capaces de reconciliarse, puedes invitar a uno o dos cristianos de confianza para que ayuden en el proceso de sanación de esta relación. Esto no significa que una vez que has tratado de reconciliarte, ahora puedes chismorrear y hablar libremente sobre la persona que te ha herido. Lo que significa es que puedes discernir en oración quién podría ser el mejor para sentarse con los dos la siguiente vez en que se reúnan y busquen restaurar su relación. Este paso no es opcional. Si has buscado sanar tu relación con una persona de tu equipo de trabajo o iglesia y esto no ha sucedido, estás obligado a seguir trabajando en ello. Las personas que involucres en el proceso no están para ponerse en contra de la otra persona, sino para ayudar en el proceso de reconciliación. En Corinth hemos descubierto que la mayor parte de los bloqueos relacionales que no pueden ser retirados por las conversaciones cara a cara se resuelven cuando en el proceso se incluye el consejo sabio.

Paso 3: Involucra a líderes de la iglesia

Si la inclusión de otras personas santas en el proceso no conduce a la sanidad de la relación, presenta tu preocupación y el deseo de una restauración a los líderes de tu iglesia. En la tradición de nuestra iglesia, es la la junta de ancianos. Para otros, podría ser la junta de la iglesia, el equipo administrativo, los diáconos u otro grupo. Cuando Jesús nos dice «díselo a la iglesia» si los pasos 1 y 2 no han logrado el efecto deseado, él no nos está diciendo que podemos chismorrear sobre esta persona o anunciar su pecado en el servicio dominical. Por el contrario, nos está diciendo que, debido a que las relaciones saludables en el cuerpo de Cristo son tan importantes, en ocasiones vas a necesitar presentar la preocupación ante un cuerpo de líderes que representen la sabiduría de la congregación. Por más de una década implementando este proceso en la vida de la iglesia Corinth, solo hemos tenido una docena de situaciones que requirieron dar este paso en el proceso. Diría que la mitad de estas fueron resueltas luego de tratarse bajo el consejo y la sabiduría de nuestra junta de ancianos.

Paso 4: Alcanza con gracia

Finalmente, si la persona se rehúsa a llevar a cabo un movimiento encaminado a la sanidad de la relación habiendo ya dado los pasos del 1 al 3, Jesús nos llama a que tratemos a la persona como un «incrédulo o renegado». Si los líderes de la iglesia han brindado su sabiduría, oraciones y autoridad para relacionarse con la situación y la persona todavía se rehúsa a la reconciliación, este hombre o esta mujer debe ser tratado como un pecador.

la boca de un líder

Es importante notar que Jesús les está hablando a sus discípulos cuando enseña cómo debemos lidiar con aquellos que han pecado en contra de nosotros (Mateo 18:1). Los discípulos han visto a Jesús alcanzar a los pecadores, redimir a los cobradores de impuestos, restaurar a los moralmente impuros y compartir comidas con las personas a las que normalmente un rabí habría evitado. Ellos han visto a Jesús amar a los cobradores de impuestos y acoger a los pecadores. Seguro sabrían a lo que se refería el Salvador. Una vez más, su sabiduría era contra cultural e iba en contra de las normas religiosas de la época. El paso final en el proceso es alcanzar con gracia y tratar a esa persona como si él o ella necesitara ser convertido.

Demasiado a menudo los líderes de iglesia han leído estas palabras como un llamado para excluir a la gente, alejarla o separarla de la comunidad. Yo creo que esto está equivocado. ¿Cómo trataba Jesús a los recaudadores de impuestos y pecadores? ¿Los excluía? ¿Los odiaba? ¿Los dejaba? ¡No! Jesús compartió comidas con ellos, los amó, los alcanzó con compasión y ternura. Jesús llama a la iglesia a tratar con aquellos que se rehúsan a la reconciliación como si necesitaran el amor, la gracia y el poder que nosotros podemos llevar a sus vidas. Debemos buscar ganarles para el corazón de Jesús por medio del servicio y la oración amorosa y constante, manteniendo abierta la puerta de la reconciliación.

Ha sido asombroso ver cómo de manera continua, las relaciones han sido sanadas con solo seguir este sencillo proceso. Lo que resulta sorprendente es cuántas iglesias permiten que el chisme y las quejas existan como una norma cultural. Cuando esto sucede, un veneno

Te cuido la espalda
Tómatelo en serio

Con los años, el equipo de liderazgo de Corinth ha continuado superando las expectativas al seguir el consejo de Jesús emitido en Mateo 18:15-17. Estas son algunas de las maneras en las que lo hemos hecho:

continúa ⇨

las palabras positivas traen bendición y energía

- ♣ Tratamos este tema en cada clase para los nuevos miembros. Estudiamos el pasaje juntos y nos aseguramos de que todo aquel que se une a la iglesia comprenda lo que Jesús enseñó. Dejamos claro cómo operamos como iglesia. De hecho, hemos tenido gente que no decide unirse porque siente que estas normativas son demasiado estrictas. Estas personas difícilmente son nuevos creyentes, sino que más bien son asistentes previos a una iglesia, provenientes de congregaciones donde el chisme y el espíritu de queja son tolerados.
- ♣ Cubrimos este tema en nuestro manual para empleados. Todos los miembros del personal saben que el chisme y el descontento no serán tolerados. Como líderes en la iglesia, se espera que ellos sean modelos siguiendo la enseñanza de Jesús sobre este tema.
- ♣ Predicamos sobre este tema una vez al año y nos aseguramos de que toda la congregación lo tenga en mente.
- ♣ Practicamos la disciplina cristiana. Si una persona continúa en el pecado del chisme y riega veneno en la iglesia, un pastor y un anciano se reunirán con esta persona y le pedirán que deje de vivir contrariamente a lo que la Escritura manda.

¿Puedes imaginar una iglesia en la cual prácticamente no existe el chisme y la queja? ¡Yo puedo y es algo maravilloso!

se derrama en el cuerpo. Para evitar el chisme, la iglesia Corinth ha implementado algunas medidas que abarcan a toda la iglesia.

La bendición de hablar la verdad en amor

Estamos llamados a usar nuestras palabras para bendecir y edificar. Modelamos un liderazgo saludable cuando creamos una cultura libre de chismes en la cual las relaciones son restauradas, siguiendo las enseñanzas de Jesús sobre la reconciliación.

¿Existe un momento para expresar las preocupaciones? Si sentimos amor por los demás y nunca hablamos mal de ellos, ¿cómo pode-

la boca de un líder

mos ayudarnos unos a otros expresando las preocupaciones sinceras? ¿Existe un lugar para hablar la verdad en amor (Efesios 4:15) y ayudar a aquellos que Dios ha colocado en nuestras vidas?

Los líderes están llamados a hablar la verdad, pero siempre en amor. El problema se suscita cuando erramos de un lado o el otro. Cuando hablamos la verdad sin cuidado o duramente, nuestras palabras pueden ser ciertas e incluso del Señor, pero cortan tan profundamente al receptor que él no puede escuchar lo que decimos. El otro extremo es cuando tenemos el corazón tan tierno que nos rehusamos a hablar la verdad cuando esta necesita ser expresada. Los líderes sabios aprenden

> ## Ayuda de mis amigos
> ### ¿Cómo mantenerte responsable?
>
> Tengo un grupo de responsabilidad de cinco personas. Tres de ellos son miembros de la junta de YFC y el otro es un antiguo miembro del equipo de trabajo. Nos reunimos aproximadamente una vez al mes por tres horas o más. Mucho del tiempo la pasamos conversando sobre nuestras vidas y las cosas que están sucediendo en Sri Lanka y la iglesia. También damos un reporte de nuestras áreas de debilidad, las cuales son conocidas por el grupo.
>
> En ocasiones, contacto a los miembros del grupo por medio de un mensaje de texto o una llamada telefónica y reporto cómo me está yendo entre una reunión y otra. Cuando viajo, puedo verme tentado a ver demasiada televisión o un programa no edificante. Si esto sucede, envío un mensaje de texto a los miembros de mi grupo, de tal forma que ellos puedan orar para mantenerme responsable. Después que termino un viaje internacional, les doy un reporte moral para dejarles saber sobre cualquier cosa comprometedora o tentación que enfrenté. También hablo de este reporte con Nelun, mi esposa.
>
> —Ajith Fernando, director de Juventud para Cristo, Sri Lanka

a resistir estas dos tentaciones. La verdad sin amor puede ser dañina. La ternura que se rehúsa a hablar la verdad es igualmente peligrosa.

las palabras positivas traen bendición y energía

Estoy muy agradecido de que Dios haya llenado mi vida con gente que, en un esfuerzo por hacer de mí cada vez más la persona que Dios quiere que sea, me ama lo suficiente como para hablar la verdad, pero con ternura. Tres de los miembros principales del equipo de trabajo con el cual he servido en Corinth tienen el don de un corazón tierno. Deb, Barb y Ryan han sido siempre rápidos para señalarme cuándo me falta la sensibilidad o la perspicacia para percibir los sentimientos de las personas (y esto es muy a menudo). Ellos lo hacen de manera gentil y una vez que yo escucho sus palabras y reflexiono en ellas en oración, casi siempre estoy de acuerdo y sigo su consejo. Mi esposa también juega un papel importante al ayudarme a ver cuándo mi actitud es pobre o mis acciones se contradicen con lo que Dios quiere que yo haga. Dios usa

Te cuido la espalda

¿Te gustaría ser la persona en mi vida que me diga la verdad?

Hay dos etapas referentes a tener tu vida de liderazgo afinada por alguien que te dice la verdad en amor. En primer lugar, debes estar dispuesto a recibir sus palabras y agradecerle por atreverse a desafiarte. Si no tienes a nadie que se acerque a ti y te hable la dura verdad, probablemente sea tu culpa. Esto significa que no recibes un consejo de la manera apropiada y la gente está temerosa de decirte lo que Dios pone en sus corazones. Ellos saben que tú les mandarás a callar o que pagarán las consecuencias. Primero, debes orar por un corazón humilde y dispuesto a recibir enseñanzas.

La segunda parte implica encontrar gente con sabiduría en quienes confíes e invitarles a decirte la verdad. Se necesita coraje, pero los líderes que desean permanecer saludables le darán a un puñado de gente el permiso para jugar este papel en sus vidas. Si buscas esta clase de personas, ellos te cubrirán la espalda y su consejo te ahorrará toda clase de quebrantos del corazón.

la boca de un líder

sus palabras, casi a diario, para que yo me dé cuenta de los aspectos en los que necesito crecer. Le agradezco a Dios por la gente en mi vida que me habla la verdad en amor. Soy un mejor líder gracias a ellos.

Cuando la iglesia Corinth decidió desarrollar un programa de mentoreo para invertir en la vida de los líderes emergentes, un resultado fue que nuestros líderes debieron aprender a hablar la verdad en amor. Cuando Adam Barr llegó a Corinth, era un líder dotado y extraordinario, pero además resultaba una pesadilla como director. (Él era el primero en decir que no podría dirigir ni siquiera su camino de salida de una funda de papel). Identificamos esta debilidad de inmediato y hablamos con él al respecto. Luego, lo llevé a un viaje de estudio junto a otro de nuestros internos, Ryan. Fuimos a Office Max y caminamos por el pasillo, donde las agendas estaban en exhibición. (Esto fue antes de que las Palm llegaran a escena).

Le presenté a Adam el concepto de llevar un horario personal detallado de las reuniones, responsabilidades y fechas importantes. Hablamos sobre la planificación. Le mostré dos mantras que yo había usado en muchas ocasiones desde que estábamos mentoreando líderes emergentes. El primero es: «Cualquiera puede poseer una agenda (Palm), pero un líder sabe cómo usarla». El segundo es: «En el ministerio, cada detalle tiene atado un nombre. Cuando olvidas un detalle, olvidas a una persona».

Un aspecto del ministerio de internos en la iglesia es identificar las debilidades y examinarlas. Esto no puede suceder si el ser agradable desplaza el decir la verdad. Sencillamente hay momentos en los que un líder necesita mirar a una persona y decir: «Tienes una debilidad aquí. Necesitas cambiar; necesitas crecer. Estás en peligro de lastimar la iglesia si no creces». Esto debe ser hecho con amabilidad y sensibilidad, ¡pero debe hacerse!

Uno de las grandes alegrías durante mi ministerio fue cuando recibí un reporte de Adam aproximadamente seis meses después de que había dejado la iglesia Corinth. Él era parte del personal de una iglesia en Chicago y estaba viviendo un momento muy bueno en el ministerio. Durante una conversación, me dijo: «La administradora de la iglesia piensa en realidad que soy un dios dirigiendo». Ambos nos reímos a viva voz. Yo le dije: «¿En serio?». Él me aseguró que ella estaba asombrada por la forma en que él planificaba, nunca se perdía un detalle y siempre le tenía las cosas a tiempo. A ella le encantaba.

Qué glorioso recordatorio del valor de hablar la verdad en amor. Aunque el proceso fue difícil y resultó duro para Adam enfrentar esta las palabras positivas traen bendición y energía

debilidad, él ha convertido este aspecto de su vida en una fortaleza. Habría sido incorrecto proteger sus sentimientos, negando este problema en aras de la amabilidad. Y Adam sería el primero en decirte que él está de verdad agradecido porque alguien lo amó lo suficiente para señalar un aspecto en el que necesitaba crecer, lo amó durante el trayecto

Conocimientos médicos

¡No me digas la verdad!

Cuando me senté con el Dr. Baxter, él dijo algo que captó mi atención. Estábamos conversando sobre su campo específico en la medicina y la parte que me impactó fue aparentemente algo secundario, pero lo detuve y profundicé en ello. Él había comentado: «En ocasiones, cuando doy un diagnóstico que un paciente no quiere escuchar, se enoja conmigo».

Yo sondeé: «¿Se quedan enojados o lo superan rápidamente?».

Él respondió: «La mayoría de los que se enojan se dan cuenta de que trato de ayudar, pero algunos en realidad me culpan por el diagnóstico. Ellos ven su condición como mi error».

Volví a preguntar: «¿Alguno de estos pacientes se va y se rehúsa a recibir tratamiento?».

Su respuesta me sorprendió, pero fue consecuente con lo que yo había visto en el ministerio cuando la gente habla con la verdad al otro. Él dijo: «Tengo pacientes que están tan enojados conmigo debido al diagnóstico que no regresan. Ellos se rehúsan a escuchar la verdad. No quieren tomar parte en su situación».

Hice una pregunta final y me entristecí por la respuesta del Dr. Baxter: «¿Acaso estas personas encuentran otro médico y reciben la ayuda que necesitan?».

Él dijo: «Algunos lo hacen, pero he tenido pacientes que se rehúsan a enfrentar la verdad. No regresan conmigo ni ven a otro médico. Elijen vivir con las consecuencias, en lugar de obtener la ayuda que necesitan».

Pude ver la tristeza en sus ojos. Él se preocupa y desea ayudar a esta gente, pero sabe que no puede forzarlos a aceptar la verdad.

y lo ayudó a dar los pasos necesarios para convertirse en el líder que Dios quiere que sea.

Disciplina en la iglesia y hablar la verdad

Hubo una época en que la gente habló de las «huellas de la iglesia verdadera». Es probable que no esté en boga en la actualidad, pero en la época en que la gente hablaba de ello, enumeraban cosas como predicación de la Palabra de Dios, administración de los sacramentos y práctica de la disciplina en la iglesia, por nombrar unas pocas. Por siglos, la iglesia enfatizó el disciplinar a los miembros que se entregaron al pecado sin arrepentimiento, dañando sus vidas y su caminar con Cristo. Tristemente, en muchos lugares la práctica de la disciplina en la iglesia ha dado paso a vitrales, túnicas de coro y servicios dominicales nocturnos. Las pocas iglesias que practican la disciplina en la actualidad son vestigios de un tiempo pasado.

Los líderes y las iglesias que están comprometidos con hablar la verdad en amor aprenden que la disciplina en la iglesia es parte del paquete. Si en verdad nos preocupamos por la gente, no miraremos a otro lado mientras su fe naufraga, destruyen sus vidas y se alejan de Dios. Con suavidad y fortaleza, los invitaremos a que retornen a la voluntad de Dios para sus vidas. La disciplina no es un martillo para aplastar al hermano o la hermana descarriados. Es una intervención redentora que llama a la gente a volverse al Señor, quien les ama.

El equipo de liderazgo en la iglesia Corinth está comprometido con hablar la verdad en amor, incluso cuando esta duela. Esto significa que practicamos la disciplina en la iglesia como parte de nuestro ministerio. En el camino, hemos aprendido que el proceso es duro, tanto para aquellos que son disciplinados, como para nosotros como líderes. Pero la sanidad, redención y plenitud que provienen de la disciplina en amor, han sido gozo del cual dar testimonio. Vale la pena el dolor con tal de ver al Espíritu Santo transformar corazones y vidas.

El personal y los miembros de la junta de la iglesia han tenido que tomar algunas decisiones difíciles a lo largo de los años. Nos hemos sentado con la gente que está pensando en un divorcio y hemos estudiado la Palabra de Dios juntos, mientras les pedimos que esperen y no se rindan a la relación de pacto en la cual entraron. Hemos confrontado a la gente viviendo en pecado sexual y las hemos desafiado a dejar de vivir y dormir juntos hasta que se casen. Hemos confrontado a la gente que es habitualmente chismosa y le hemos enseñado el deseo de

las palabras positivas traen bendición y energía

Dios de que guarden sus palabras. Hemos enfrentado en amor muchos ámbitos del pecado, en un esfuerzo por ayudar a la gente a vivir de tal manera que le dé gozo a Dios.

En el proceso de administrar disciplina se nos recuerda, todo el tiempo, que somos personas quebrantadas y pecaminosas. Todavía estamos caminando sobre piernas temblorosas y cada uno de nosotros necesita de la gracia de Dios todos los días. No disciplinamos como autoridades o ejecutores morales. Nos acercamos a la gente en su quebrantamiento y reconocemos que nosotros también caminamos por la gracia, y solo por la gracia.

Lo que hemos aprendido es que la mayor parte de la gente aprecia y acepta la disciplina cuando se la lleva a cabo en amor y humildad. Sí, hay quienes se enojan, se ponen a la defensiva o se rehúsan a reunirse con los líderes de nuestra iglesia. Pero la mayor parte de la gente está dispuesta a reunirse y hablar. Nos reunimos con un anciano, un pastor y la persona que está luchando. Oramos, hablamos de la preocupación, estudiamos la Palabra de Dios sobre el tema en cuestión y le pedimos a la persona que actúe de acuerdo a la enseñanza de la Escritura. A partir de ese punto, depende de ellos. Sin embargo, para nuestro asombro y deleite, muchos de estos encuentros terminan con la persona acordando con la Palabra de Dios y eligiendo cambiar la forma en que está viviendo. Podría llenar el resto de este libro con relatos de cómo la gente ha experimentado la gracia de Dios en estos encuentros, pero cerraré este capítulo únicamente con una historia.

Dan había estado asistiendo a la iglesia Corinth por unos cuantos meses. Siempre se sentaba en la platea alta y se retiraba durante la última canción. Era claro que estaba evadiendo encontrarse con otros. Cuando él y yo finalmente tuvimos una oportunidad de sentarnos y hablar, pude ver el dolor en sus ojos. Dan estaba herido; estaba enojado. Preguntó si sería amado y aceptado en nuestra iglesia. Él quería saber si podía unirse a la iglesia y no preocuparse de que su pasado le siguiera.

Le pedí a Dan que me contara su historia. Quería saber lo que había sucedido que le forzó a salir de su última iglesia. Después que me contó la historia, me preguntó: «¿Cree que me pueda unir a la iglesia Corinth?». Lo miré y le dije: «¡No!». Él parecía muy sorprendido. Le aseguré que era bienvenido a estar en los servicios y que la gente lo trataría de manera amable, pero que no había forma de que la junta de ancianos le permitiera unirse.

la boca de un líder

Dan había sido un anciano en su iglesia anterior. Cuando fue ordenado, él se comprometió a vivir bajo la disciplina y el liderazgo de la iglesia. En el camino, se había involucrado con una mujer y tuvo un romance. El equipo de liderazgo de su iglesia anterior había pedido una reunión con él, pero se rehusó.

—He llegado a amar a la iglesia Corinth —dijo mirándome—. Realmente quiero conectarme aquí. Sé que tengo problemas y pienso que podría solucionarlos aquí. ¿Hay alguna forma en que pudiera unirme a la iglesia?

—Sí —le dije.

Dan hizo una pausa, tragó y me preguntó qué tenía que hacer.

—Necesitas regresar a tu iglesia —le dije—, sentarte con la gente que Dios ha colocado como líderes espirituales en tu vida y escucharles. Necesitas ser restaurado por aquellos hermanos y hermanas.

—Hablas en serio, ¿verdad? —dijo mirándome atónitamente asombrado.

—Completamente —le dije.

—Lo haré —contestó Dan.

Yo no estaba seguro de si volvería a ver a Dan otra vez, pero él se presentó al siguiente domingo para la adoración. La siguiente semana, recibí una llamada del pastor de Dan. Él me preguntó qué le había dicho. Le conté al pastor sobre el compromiso de nuestra iglesia con la disciplina cristiana en amor y que yo sabía que no había forma de que nuestra junta de ancianos recibiera a Dan dentro de la congregación hasta que él hubiera aceptado la disciplina de su iglesia. Él me dijo que Dan lo había llamado y que se iba a reunir con sus ancianos. Yo prometí orar por la reunión y colgamos.

Aproximadamente una semana después, el pastor de la iglesia de Dan me llamó de nuevo. Yo le pregunté cómo le había ido en la reunión. Él dijo: «Fue una de nuestras mejores reuniones de ancianos. Hubo arrepentimiento, restauración y sanidad. Se derramaron lágrimas y el Espíritu Santo se mostró». Me regocijé con él y les agradeció a nuestros ancianos por tener el coraje de amar lo suficiente a Dan como para decirle la verdad y ayudarle a poner en práctica la disciplina en amor. Él me dijo que su junta estaba asombrada de que otra iglesia se tomara la disciplina tan seriamente. Me hizo saber que se sentían motivados a ser más diligentes en este ámbito del ministerio. Mi oración es que esta historia inspire a otros líderes e iglesias a descubrir el potencial sanador de la disciplina espiritual.

las palabras positivas traen bendición y energía

Sugerencias de autoevaluación
Hablar la verdad con disciplina amorosa

La mayoría de los líderes de iglesia saben que la disciplina es esencial para que una iglesia sea saludable. Si un líder o la junta se rehúsan a practicar la disciplina en amor, el costo será alto. Aun así, muchas iglesias miran en otra dirección cuando sus miembros caen en espiral por patrones pecaminosos que nunca son tratados por su liderazgo.

Tómate un momento para reflexionar en las siguientes preguntas:

1. ¿Los líderes de tu iglesia practican la disciplina en la iglesia? Si es así, ¿la practican con corazones humildes y con la visión de transformar vidas?
2. Si los líderes de tu iglesia no ejercitan la disciplina constante y en amor, ¿por qué está faltando este elemento clave?
3. ¿Qué puedes hacer como líder para ayudar a tu iglesia a acoger la bondad de la disciplina cristiana?

capítulo 6

El servicio humilde revela la presencia de Jesús
Las manos de un líder

Amo servir a Dios. Amo servir a la gente. En verdad lo hago. Si no fuese así, no estaría en el ministerio. Yo sé que Jesús lavó los pies de sus seguidores y que él me llama al mismo nivel de humilde servicio, a hacerlo como él lo hizo. Yo sé que Jesús ofreció el mayor acto de servicio cuando permitió que personas pecaminosas lo clavaran a una cruz romana para que su sangre pudiera pagar por mis pecados. ¡Esto es lo que creo! Esto es lo que enseño. ¡Es lo que busco vivir!

Oh, Dios, perdóname cuando olvido esta sencilla verdad y pienso que mi posición, de alguna forma, me coloca sobre los demás.

Vuelve a colocarme en un lugar de humilde servicio.

el servicio humilde revela la presencia de Jesús

> Así mismo, jóvenes, sométanse a los ancianos. Revístanse todos de humildad en su trato mutuo, porque «Dios se opone a los orgullosos, pero da gracia a los humildes». Humíllense, pues, bajo la poderosa mano de Dios, para que él los exalte a su debido tiempo.
>
> —1 Pedro 5:5-6

> Ustedes me llaman Maestro y Señor, y dicen bien, porque lo soy. Pues si yo, el Señor y el Maestro, les he lavado los pies, también ustedes deben lavarse los pies los unos a los otros.
>
> —Juan 13:13-14

Era domingo de Pascua y la congregación se había reunido para celebrar la resurrección de Jesús. Todos estaban vestidos con su mejor ropa y había emoción en el ambiente. Como cada Pascua, eran evidentes el gozo y la expectativa, la sensación de que el Cristo resucitado bendeciría con su presencia a cada persona allí reunida.

Entonces, sin previo aviso, él se presentó.

Un hombre con el cabello largo color café y una vaporosa túnica caminó por el pasillo central de la iglesia, con sus brazos estirados como si fuera a abrazar a toda la congregación. Declaró ante todos los reunidos que él era Jesús.

El silencio reinó en el centro de adoración. El pastor que se encontraba en el pulpito tragó con dificultad, oró y trató de encontrar la respuesta correcta para este visitante sorpresa. Con gran sabiduría, el pastor le dijo al supuesto Jesús: «Muéstrame las heridas de tus manos que te hicieron cuando te clavaron en la cruz».

Un extraño silencio se sintió en el aire. Entonces el hombre vestido con la túnica dijo: «Me las quité».

El pastor sentenció: «Jesús nunca se quitaría sus heridas». Y pidió a los ujieres que ayudaran al confundido hombre a salir de la iglesia.

Yo no estaba en la iglesia aquella mañana de Pascua, pero escuché al pastor que enfrentó este peculiar desafío narrar la historia. Pienso que su respuesta a este visitante sorpresa fue inspirada. Él le pidió ver las heridas en sus manos, recordatorios del más importante acto de servicio de Jesús. Cuando quedó claro que no había heridas, el pastor supo que no podía tratarse de Jesús.

Quienes siguen al Salvador crucificado y resucitado están llamados a ofrecer un humilde servicio en nombre de aquel que soportó los clavos por ellos. Aquellos que van a liderar aprenden rápidamente que el servicio es fundamental para nuestro llamado. Liderar como Jesús es ofrecer diariamente nuestras manos para llevar la cruz, tomar la toalla y el odre, servir como él lo hizo.

Tristemente, muchos en el ministerio cristiano han olvidado el papel que el servicio tiene en esta ecuación. Dado que la gente en nuestras congregaciones nos coloca en un pedestal, podríamos comenzar a sentirnos un poco exaltados. A medida que una iglesia crece, resulta muy fácil creer que ciertas tareas están sencillamente por debajo de nuestra posición. Preferimos un manicure a tener una mano callosa.

Ensucia tus manos

En la época en que Jesús anduvo por el Medio Oriente, la costumbre de lavar los pies era común. Cuando los viajeros llegaban de los polvorientos caminos, a menudo había una vasija de agua y una toalla cerca

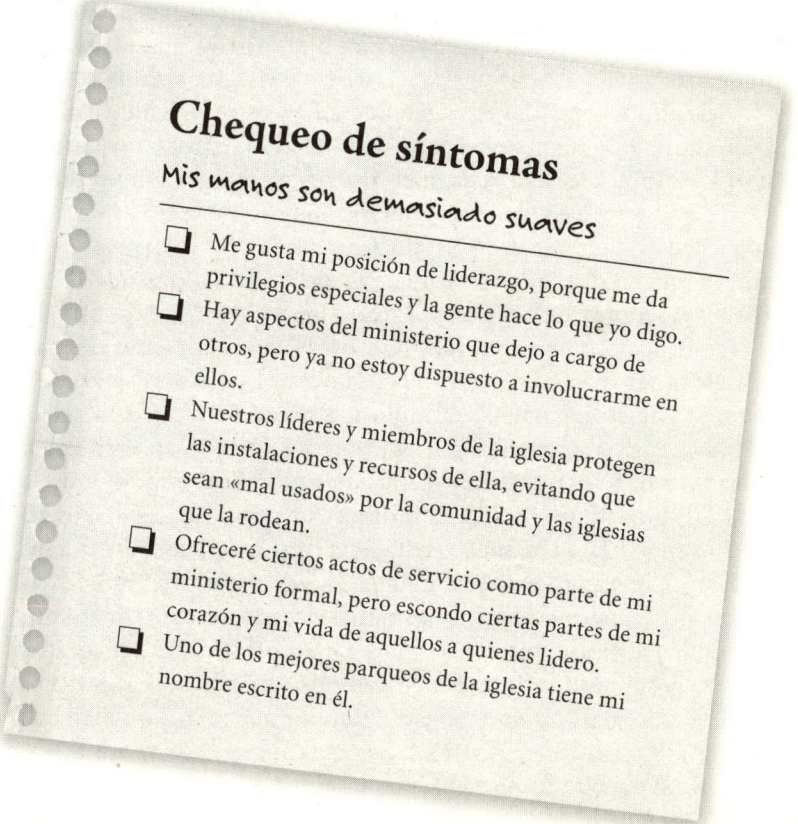

Chequeo de síntomas
Mis manos son demasiado suaves

- ❑ Me gusta mi posición de liderazgo, porque me da privilegios especiales y la gente hace lo que yo digo.
- ❑ Hay aspectos del ministerio que dejo a cargo de otros, pero ya no estoy dispuesto a involucrarme en ellos.
- ❑ Nuestros líderes y miembros de la iglesia protegen las instalaciones y recursos de ella, evitando que sean «mal usados» por la comunidad y las iglesias que la rodean.
- ❑ Ofreceré ciertos actos de servicio como parte de mi ministerio formal, pero escondo ciertas partes de mi corazón y mi vida de aquellos a quienes lidero.
- ❑ Uno de los mejores parqueos de la iglesia tiene mi nombre escrito en él.

el servicio humilde revela la presencia de Jesús

de la puerta. Los sirvientes de la casa hacían este sencillo y humilde servicio: lavar los pies sucios de la gente. Pero si no había sirvientes presentes, el anfitrión (o el primer invitado en llegar) era a menudo quien asumía esta responsabilidad.

Cuando Jesús y sus seguidores se reunieron para lo que sería conocido como la última cena (Juan 13:1-17), no había un sirviente que lavara los pies. Uno por uno los discípulos pasaron delante del odre y la toalla, sentándose a plena vista. Los mismos hombres que habían visto a Jesús dar ejemplo de humilde servicio en incontables ocasiones, se rehusaron a lavarse los pies unos a otros o a lavar los pies de Jesús. Ninguno quería ensuciarse las manos.

Todos se sentaron con sus pies hirviendo, sudados, apestosos y cubiertos de polvo. En medio de la comida, Jesús se levantó de la mesa, tomó el odre y la toalla, y lavó sus pies. Las divinas manos que habían dado forma a los cielos y la tierra fregaban ahora los sucísimos pies de seres humanos. Las manos que sostienen al universo gentilmente, secaron sus callosos pies. Incluso lavó los pies de Judas, aunque él sabía que Judas pronto lo traicionaría. Después de este impactante acto de servicio, Jesús dijo: «Ustedes me llaman Maestro y Señor, y dicen bien, porque lo soy. Pues si yo, el Señor y el Maestro, les he lavado los pies, también ustedes deben lavarse los pies los unos a los otros. Les he puesto el ejemplo, para que hagan lo mismo que yo he hecho con ustedes. Ciertamente les aseguro que ningún siervo es más que su amo, y ningún mensajero es más que el que lo envió. ¿Entienden esto? Dichosos serán si lo ponen en práctica» (Juan 13:13-17).

Este llamado, hecho a un grupo de nuevos líderes que pronto guiarían a la iglesia a sus inicios, fue claro. El mismo resuena a través del tiempo y habla a los líderes actuales. El camino de Jesús es el camino del servicio humilde. Las manos que lavaron los pies de los discípulos pronto serían clavadas a una cruz. Este máximo acto de servicio y amor le costó la vida a Jesús. Nuestro Señor estaba dispuesto a ensuciar sus manos y a ensangrentárselas para mostrarnos cómo debe ser un líder verdadero.

En mi primera reunión de junta en la iglesia Corinth, miré lentamente alrededor de la habitación y estudié los rostros de los líderes ahí reunidos. Había sabiduría en sus ojos y amor por Jesús en sus corazones. Luego, miré sus manos. No estoy seguro de por qué, pero mis ojos se dirigieron a sus manos y, uno por uno, siendo cuidadoso para que no se dieran cuenta, las estudié.

Corinth era una pequeña iglesia de campo en ese entonces. Cerca de la mitad de la congregación estaba compuesta por tres familias

las manos de un líder

Sugerencias de autoevaluación
Examina tus manos

Mira con detenimiento tus manos. ¿Son las manos de un siervo? ¿Están sucias por lavar pies? ¿Están manchadas de sangre por tomar la cruz diariamente y seguir a Jesús? Toma tiempo para reflexionar y preguntarte lo siguiente:

♣ ¿Sirvo libre y gozosamente?
♣ ¿Sirvo regularmente a las personas de mi congregación?
♣ ¿Soy conocido en mi vecindario y comunidad como alguien que sirve a otros?

---

extendidas. Estas personas eran la sal de la tierra, trabajadores arduos y de corazón. Sus manos narraban una historia. A algunos de los hombres les faltaba todo o una parte de un dedo. Todos tenían callos que revelaban toda una vida de largos días en el campo, los talleres o en alguna clase de dura labor. Algunas manos estaban manchadas y las arrugas en la piel se encontraban llenas de grasa o un material que no se lavaba fácilmente. Estos eran líderes que sabían lo que un día de duro trabajo demandaba físicamente.

En los años que siguieron, estos líderes me enseñaron lo que significa servir. Ellos venían a las reuniones o clases después de jornadas de trabajo de diez a doce horas. Ellos venían gozosos y prestos a servir. Cuando había una oportunidad de ayudar a alguien necesitado o de trabajar alrededor de los terrenos de la iglesia, ellos estaban dispuestos a que sus ya nudosas y sucias manos se ensuciaran aun más.

Los líderes saludables entienden que lavar los pies implica ensuciarse las manos. Cuando nuestras manos toman la cruz de Jesús, nos astillamos, sangramos y en ocasiones nuestras manos son atravesadas. Las manos que sirven incansablemente pueden volverse callosas por el arduo trabajo del ministerio.

El peligro de delegar

En algunos círculos de liderazgo la palabra de moda es *delegar*. A medida que una iglesia crece, algunos líderes se especializan al punto de que ya no toman parte de algunos ministerios. Definitivamente existe la necesidad de delegar estratégicamente, pero podemos llevarla demasiado lejos. Siempre debemos estar listos a servir, sin importar cuánto crezca nuestra iglesia o cuán especializados lleguemos a ser en nuestros ministerios. El personal en la iglesia Corinth te dirá que yo tengo el don de la administración y la delegación. También espero que te puedan decir que no hay un trabajo o acto de servicio que esté por debajo de mí o de alguien más en el personal. Aunque cada miembro del personal tiene una descripción detallada de su trabajo, se espera que todos estén dispuestos a dar un paso adelante y ayudar cuando se les requiera, sin importar cuán humilde sea el acto de servicio.

Las manos prestas a servir son fruto de un corazón que ama a la gente. He perdido la cuenta del número de ocasiones en que he visto a líderes ministeriales en Corinth ofrecerse para ayudar a otros líderes o ministerios. La mayor parte del personal se especializa en un área específica, pero todos tienen la sensación de que también son generalistas.

He visto al presidente de la junta, de manera voluntaria, apilar sillas luego de una clase de escuela dominical. He visto al administrador, quien tiene un riguroso horario, salir al frente y regar las plantas que necesitan un poco de amoroso cuidado. Con admiración he visto al director de adoración de la iglesia preparar refrigerios para los que se encuentran en reclusión por uno u otro motivo y entregárselos cada Navidad. Una y otra vez, el director de jóvenes sacrificó «su espacio» en el centro de jóvenes porque otro ministerio lo necesitaba. He visto al pastor de alcance global ir con una familia de refugiados para ayudarles a aprender cómo comprar víveres. Puedo llenar páginas con los ejemplos de líderes que voluntaria y gozosamente ayudan a otros con humildes actos de servicio. Delegar y una clara delimitación de las responsabilidades ministeriales es valioso. Pero los líderes siempre deben recordar el llamado a servir.

Manos generosas

Nuestra esperanza de la eternidad comenzó con la decisión de Dios de entregar. «Porque tanto amó Dios al mundo, que dio...» (Juan 3:16).

las manos de un líder

> ## Ayuda de mis amigos
> ### ¿Cómo tomar decisiones acertadas?
>
> Primero escucho la pregunta, el problema o el dilema. Luego la comparo o la sopeso con las Escrituras. Luego oro, ya sea en mi mente o en voz alta en medio de la reunión. Si no sigo este método, usualmente respondo en base a mis sentimientos y pensamientos, los cuales tienen un problema: yo. También tengo un equipo de apoyo, que incluye a mi esposa Laurie y tres parejas de la iglesia. Este grupo ama a Dios y se preocupa profundamente por mi familia y yo. Nos reunimos cuando sea necesario para discutir mi agenda, invitaciones a dar conferencias, sueños, esperanzas e ideas. ¡De mucha utilidad!
>
> —Bob Bouwer, pastor principal de la Iglesia Faith, Dyer, IN

Si queremos tener las manos como las de Jesús, necesitamos aprender a ser generosos. Los líderes son más eficaces cuando están dispuestos a entregar cosas. Dios honra las manos que están abiertas y prestas a compartir.

Estaba en segundo año de colegio cuando conocí por primera vez a un líder cristiano, quien dio el ejemplo de las manos serviciales de Jesús. Doug Drainville era un líder voluntario del grupo de jóvenes de la Iglesia Comunitaria de Garden Grove, a la cual yo había comenzado a asistir. Él se volvió una poderosa influencia para que yo me convirtiera en un pastor que cree que el servicio es el núcleo del ministerio.

Yo no tenía aún ni auto ni licencia y Doug tenía un súper escarabajo VW; así que él me dijo que si alguna vez necesitaba ir a alguna parte, estaría gustoso de ayudarme. Él vivía aproximadamente a veinte minutos de mi casa. Me siento avergonzado al recordar mi actitud egoísta como un joven creyente. Yo en realidad llamaba a Doug ocasionalmente para ver si podía llevarme a la casa de mi novia. Cuando estaba disponible, siempre me ayudó. Él conducía veinte minutos hasta mi casa, me transportaba quince minutos hasta la casa

el servicio humilde revela la presencia de Jesús

de mi novia, y conducía nuevamente hasta su casa. Siempre estuvo feliz de ayudarme. Usaba su gasolina y aproximadamente una hora de su día solamente para servirme. Cuando pienso en ello, me doy cuenta de que nunca le ofrecí dinero para la gasolina y en ocasiones incluso no le agradecí.

El servicio generoso e incomprensible de Doug ha marcado mi vida. Casi tres décadas después, yo sé que vi a Jesús en el servicio de Doug tanto como lo vi en los servicios de adoración en aquellos primeros años de mi fe. Estoy muy agradecido con Dios por haber puesto a un líder en mi vida que estaba dispuesto a ensuciar sus manos. Espero que mi vida refleje el mismo espíritu de Cristo en la forma que sirvo a los demás.

En la iglesia Corinth decidimos hacer lo mejor por compartir con nuestra comunidad y la iglesia en general todo lo que Dios nos da. Una

Construir redes
Una actitud DAS

Cuando Debi Rose se convirtió en mi ministra asistente, aprendí nuevas lecciones sobre el servicio. Ella ya era nuestra directora de adoración. Cuando quedó claro que yo necesitaba algún apoyo administrativo debido a que la iglesia estaba creciendo rápidamente, ella se ofreció a ayudar. A la larga, formalizamos su función, pero inicialmente ella solo buscaba dónde podía servir y lo hacía.

Con el tiempo, me di cuenta de que Debi decía: «¿Dónde ayudo o sirvo?» con bastante frecuencia. Si había una necesidad, ella era rápida en postularse como voluntaria con un corazón gozoso. Después de escuchar su respuesta por aproximadamente cien veces, se me ocurrió el acrónimo DAS. Desde entonces, todo nuestro equipo de trabajo ha adoptado la frase «una actitud DAS» para describir el corazón de un siervo. Ahora, cuando entrevistamos a un posible miembro del equipo de trabajo, le preguntamos si está dispuesto a tener una actitud de «¿Dónde ayudo o sirvo?»

Si quieres edificar una cultura de servicio en tu iglesia y ministerio, entrena a tus líderes a adoptar una actitud DAS.

actitud DAS se ha propagado desde el personal de nuestra iglesia hacia la congregación, de nuestra congregación hacia la comunidad, y de ahí hacia todo el mundo. En la medida en que la iglesia ha crecido en generosidad, Dios ha continuado confiándonos una mayor cantidad de recursos, de tal manera que podamos dar más.

Si Corinth tiene una idea ministerial que está funcionando, se la contamos a otras iglesias. Cuando otras iglesias o pastores piden ayuda, hacemos todo lo que podemos para darles lo que poseemos. Si tenemos recursos que otras iglesias pueden usar, son bienvenidas a hacerlo. Si nuestra comunidad tiene una necesidad, buscamos satisfacerla. Vivir esta pasión por mantener nuestras manos abiertas ha tomado muchas formas. Este es un pequeño ejemplo:

- ♣ A lo largo de los años, algunos de los artistas en la iglesia han hecho hermosas pancartas para usar en nuestro centro de adoración en diferentes momentos a lo largo del año. Otras iglesias de nuestra comunidad son bienvenidas a pedirlas prestadas, y lo hacen.
- ♣ Cada año, realizamos un enorme programa de estudio bíblico vacacional. Tenemos un equipo que construye escenarios maravillosos. Hay iglesias en nuestra comunidad que planifican sus programas de estudio bíblico vacacional luego de los nuestros, de tal forma que pueden usar todo lo que hemos hecho. Entonces ellos pasan estas cosas a otra iglesia, tal como una familia de cinco hijos pasa los jeans con parches en las rodillas. Para cuando los utensilios y escenarios han terminado el circuito local, están destrozados, y estamos felices de que así sea.
- ♣ Una escuela pública nos pidió usar las instalaciones de nuestra iglesia para llevar a cabo un examen estandarizado para cientos de niños. No solo dijimos sí, sino que les ofrecimos el espacio sin ningún cargo y les brindamos refrigerios. También abrimos el centro escolar para los recesos, de tal manera que los estudiantes pudieran jugar billar, futbolín y videojuegos, así como también ver videos de deportes. Eso es construir puentes con nuestras escuelas.
- ♣ Corinth ha desarrollado numerosas y creativas ideas de alcance a lo largo de los años e hicimos un folleto explicando cómo los miembros de la iglesia pueden tener parte en estas oportunidades. Debi Rose, mi ministra asistente, ha enviado

el servicio humilde revela la presencia de Jesús

archivos electrónicos de nuestro folleto y estrategias de comunicación a cientos de iglesias a lo largo de estos años. Si nuestros recursos ayudan a otras congregaciones a cumplir la Gran Comisión, los entregamos a cualquiera que pueda usarlos.

♣ Por muchos años la iglesia Corinth, en asociación con la iglesia Faith en Dyer, Indiana, realizó una reunión de líderes y trajo a dotados comunicadores como Ben Patterson, Jerry Sitzer, Juan Carlos Ortiz, Charles Van Engen, entre otros, para pasar tres días invirtiendo en un grupo pequeño de pastores. Si los líderes no podían acceder al evento, los miembros de la iglesia de Corinth y Faith cubrían el costo. Esto se convirtió en una reunión íntima de veinticinco a sesenta líderes que necesitaban renovación y motivación. Fue un regalo de nuestras iglesias a los líderes de Estados Unidos y Canadá.

♣ La iglesia también ha hecho una práctica el planificar un almuerzo para los pastores locales cada vez que tenemos un conferencista especial. Corinth financia el almuerzo e invita a los líderes de un espectro multidenominacional a que vengan gratuitamente, solo para bendecirles.

♣ El equipo administrativo de Corinth ha usado miles de dólares a lo largo de los años enviando libros, recursos y ayudas ministeriales en los Estados Unidos y alrededor del mundo. Los diáconos aprueban estos fondos y los ven como parte del ministerio de nuestra congregación para la iglesia en general. Los diáconos también establecen un fondo para ayudar a nuestros pastores con los gastos en que puedan incurrir cuando están ministrando a grupos que no pueden acceder a los costos que implican el viaje y los recursos.

♣ Corinth ha realizado muchos entrenamientos sobre temas tan diversos como la evangelización, el liderazgo y la enseñanza de niños y jóvenes sobre la sexualidad humana. Cada vez que realizamos un entrenamiento, invitamos a las iglesias de toda el área de Grand Rapids. Años atrás, equipos de trabajo de otras iglesias venían por medio día y nuestro personal invertía tiempo en ellos. Cuando hacíamos esto, nunca aspirábamos a pago alguno por el entrenamiento. Luego comenzamos a ofrecer entrenamiento anual de manera formal, de tal forma que podíamos realizarlo con muchas iglesias cada vez y ser mejores administradores de la energía y el tiempo de los miembros de nuestro equipo.

las manos de un líder

Estas son solo algunas de las formas en las que Dios ha llevado a la iglesia Corinth a vivir con manos abiertas y generosas. Estoy convencido de que el compromiso al servicio sacrificial comienza en los corazones de los líderes de la iglesia y luego trasciende a la congregación. Algunos años atrás, Corinth adoptó un eslogan que ahora aparece en carteles, tarjetas y otros materiales de la iglesia. Este es sencillamente: «Iglesia Reformada Corinth… Una iglesia para el mundo».

> ## Construir redes
> ### ¿A quién podemos servir?
>
> Esta es una pregunta sencilla pero transformadora de la cultura. ¿Qué tenemos que podamos entregar? Reúnete con tu equipo de liderazgo de la iglesia y plantea esta pregunta. Lee en voz alta algunos de los ejemplos de este capítulo y comienza a soñar. Enumera maneras en que tu iglesia puede compartir las instalaciones, los recursos e ideas ministeriales con otras congregaciones y tu comunidad. Estarás asombrado al ver cuánto tienes para compartir.

Manos que dan todo

A lo largo de estos años, he observado cómo la congregación de la iglesia Corinth ha abierto sus manos y compartido voluntariamente con nuestra comunidad y otros ministerios. Había un precio en cada paso del camino, pero seguimos adelante. Hubo un momento en que nos dimos cuenta de que teníamos algo más que dar, algo un poco más complejo que compartir nuestras instalaciones o ideas ministeriales. El Espíritu Santo colocó en los corazones de nuestros líderes de iglesia la necesidad de invertir nuestras vidas en los líderes emergentes. Necesitábamos entregarnos nosotros mismos. Esto nos llevó a un propósito que pusimos en conocimiento de la congregación, el cual con-

el servicio humilde revela la presencia de Jesús

sistía en un programa de mentoreo donde nuestros pastores y líderes claves invertirían en las vidas de los estudiantes del seminario.

Un puñado de gente vio esto como una forma de conseguir ayuda barata del seminario local. Estas personas estaban familiarizadas con el antiguo modelo en el cual las iglesias llamaban a un seminario y pedían a un pastor en entrenamiento para que ayudara en la iglesia. Cuando esta inesperada víctima se presentaba, lo enviaban a un salón repleto de estudiantes de colegio con un plan de estudios. O llenaban de tanto trabajo al interno como le fuera posible manejar mientras le pagaban la menor cantidad posible. El objetivo era sacar todo lo que fuera posible del seminarista mientras se invertía la menor cantidad de tiempo, dinero y recursos posibles.

Nuestra visión era radicalmente diferente. Queríamos aportar a las vidas de estos líderes emergentes y ultimadamente invertir en el reino ayudando en el crecimiento de pastores dotados y apasionados. Tuvimos que pelear con aquellos que se aferraban al modelo de «lo que podemos obtener» e invitar a la congregación a una actitud de «lo que podemos dar». En la reunión informativa, la gente continuaba haciendo preguntas de lo que nuestra iglesia obtendría de esta inversión financiera. ¿Quitaría la carga de algunos pastores? ¿Crearía espacio en nuestra agenda, de tal forma que pudiéramos hacer otras cosas? Tuvimos que explicar que lanzar este nuevo ministerio tendría un costo financiero para la iglesia y que nuestros pastores y líderes tendrían una mayor carga, pues debíamos invertir nuestra vida en esos futuros líderes de iglesia.

Nuestro objetivo era apoyar a esos estudiantes, de tal forma que pudieran enfocarse en sus estudios e integrar su aprendizaje a la iglesia. Esto significaba que estábamos listos para ayudar con vivienda, costos de seminario, costos de mantenimiento, vehículos y cualquier otra cosa que se necesitara. Cuando la visión quedó aclarada, llegaron los recursos. No había pago por horas ni timbrada de tarjetas. Cada uno era apoyado de acuerdo a sus necesidades. Esto significaba que algunos internos recibían más que otros, pero todos satisfacían sus necesidades.

Los pastores y líderes voluntarios comenzaron a invertir sus vidas en alimentar a nuestros primeros dos internos. Al hacerlo, a menudo pensaba en las palabras del apóstol Pablo: «Aunque como apóstoles de Cristo hubiéramos podido ser exigentes con ustedes, los tratamos con delicadeza. Como una madre que amamanta y cuida a sus hijos, así nosotros, por el cariño que les tenemos, nos deleitamos en compartir

las manos de un líder

con ustedes no solo el evangelio de Dios sino también nuestra vida. ¡Tanto llegamos a quererlos!» (1 Tesalonicenses 2:7-8).

Con los años, Dios guió a nuestra iglesia para entregarse a algunos jóvenes. Era exactamente lo que habíamos anticipado. El proceso significó una inversión sustancial de tiempo cuando invitamos a cada uno de ellos a nuestras vidas y corazones. Los ayudamos a poner en práctica todo lo que estaban aprendiendo en sus clases y a descubrir lo que funcionaba en la iglesia y lo que necesitaba ser dejado a un lado. Estos jóvenes formaron parte de nuestras familias, dado que compartimos la vida juntos. Esto era entregarse en una manera completamente nueva; estábamos entregando nuestra vida.

Al mirar atrás, casi una década, me siento emocionado con lo que Dios ha hecho a través de las manos y los corazones abiertos de la gente de la iglesia Corinth. Desde que comenzamos el programa, siempre hemos tenido por lo menos de uno a cuatro internos entrenándose a la vez. Desde el principio, determinamos que íbamos a evitar compromisos a corto plazo y que buscaríamos líderes emergentes que pudieran estar con nosotros de tres a cuatro años. Aunque pensábamos

---

Conocimientos médicos
¿Cómo le puedo servir?

El Dr. John Albrecht ha sido nuestro dentista familiar por casi dos décadas. Lo conocí cuando me mudé a Grand Rapids y asistió a mi primera reunión de junta en la iglesia Zion. John era un anciano y secretario de la junta, y yo tuve el privilegio de ser uno de sus pastores por algunos años. De inmediato fui impactado por su espíritu gentil y su sabio conocimiento durante nuestras reuniones.

Dieciocho años más tarde, me senté con John en la sala de su casa y tuve una fascinante conversación. Un tema que surgió una y otra vez fue la importancia de escuchar cuando servimos a la gente. Cuando John comienza con un nuevo paciente, él le hace preguntas como:

continúa ⇨

el servicio humilde revela la presencia de Jesús

- En la escala del uno al diez, ¿cuán saludable está tu boca?
- En la escala del uno al diez, ¿cuán saludable quieres que sea tu boca?

Luego, él escucha. Hace una batería de preguntas y profundiza en las respuestas de sus pacientes. Algunos se sienten libres de responder y otros se resisten, pero en todos los casos, John escucha. Dice que este proceso al principio de una relación con un nuevo paciente es crítico para él como doctor. Luego, cuando los años pasan, continúa haciendo preguntas y escuchando. Él también ha entrenado a su personal a hacer preguntas de sondeo y a escuchar con cuidado las respuestas de los pacientes.

Lo que el Dr. Albrecht ha aprendido y me ha enseñado es que escuchar precede al servicio. Él sabe cómo ayudar a sus pacientes porque se ha tomado el tiempo para escucharlos. Sus conocimientos, perspectivas y diagnósticos ayudan a dar forma a la dirección que tomará su tratamiento. Como líderes que deseamos servir a la gente basados en sus necesidades, nos volvemos más eficaces cuando les hacemos buenas preguntas y escuchamos con atención. Lo que escuchemos dará forma a nuestro servicio.

que sabíamos en lo que nos metíamos al principio, fue una inversión mayor de la que cualquiera de nosotros pudo haber soñado, y valió la pena cada dólar y cada hora.

Cada uno de los internos entrenados en Corinth está involucrado en ministerios fructíferos que honran a Dios. Adam Barr ha empezado un ministerio llamado Borderlands, que ayuda a levantar puentes para los estudiantes secundarios cuando se encuentran listos para iniciar su mundo universitario. Este ministerio a nivel mundial está tocando a muchos estudiantes e iglesias. Ryan es uno de los miembros clave en la iglesia Corinth y está liderando el ministerio de formación espiritual para adultos. Mark es un misionero en el mundo musulmán, llevando el evangelio a uno de los lugares más desafiantes en la faz de la tierra. Jag es un capellán que trabaja en Nueva Jersey con adultos que tienen necesidades especiales. (Solo quiero acotar algo divertido, estos cuatro internos se casaron con mujeres llamadas Jen). Cody es pastor en una iglesia en Minneapolis. Travis está todavía en el seminario y en la

las manos de un líder

actualidad está siendo mentoreado en la iglesia y lidera el ministerio de adultos jóvenes. El compromiso de Corinth de invertir, vida tras vida, en líderes futuros, traerá un fruto del reino que solo podrá ser visto al otro lado de la eternidad.

A medida que las manos de la gente en Corinth se han vuelto más y más abiertas, la influencia de la iglesia ha crecido. Dios nos ha presionado para compartir nuestras finanzas, nuestras instalaciones y nuestras ideas ministeriales. Pero más allá de todo esto, él nos ha llamado a compartir nuestra vida, nuestro hogar, nuestra familia y nuestro propio corazón. Al hacerlo, nuevos líderes han sido levantados y la iglesia ha sido fortalecida.

capítulo 7

La risa sostiene nuestra cordura
El lado gracioso de un líder

Necesito reírme más. Me senté con una mujer cuyo esposo, el hombre que dijo «en las buenas y en las malas», se fue con una mujer de la mitad de su edad. Me preocupé, oré y me sentí incapaz de aliviar su profundo dolor. Batallé en medio de una reunión de junta con un grupo de líderes dotados que no podían resolver un asunto crítico. Realicé un funeral para un niño de siete años, cuyo cuerpo había sido devorado por la leucemia. Procesé desafíos ministeriales con una voluntaria que en realidad no encaja en el lugar donde está sirviendo. ¿Alguna vez has tenido que despedir a un voluntario? A medida que la semana llega a su fin, será de mucha utilidad un amigo que hable conmigo, se ría conmigo, vaya a ver una comedia conmigo. En ocasiones siento que no puedo reír, que voy a volverme loco. Y, en algunos días, reír es difícil.

la risa sostiene nuestra cordura

> El corazón alegre se refleja en el rostro, el corazón dolido deprime el espíritu. Para el afligido todos los días son malos; para el que es feliz siempre es día de fiesta.
> —Proverbios 15:13,15

> Luego Nehemías añadió: «Ya pueden irse. Coman bien, tomen bebidas dulces y compartan su comida con quienes no tengan nada, porque este día ha sido consagrado a nuestro Señor. No estén tristes, pues el gozo del Señor es nuestra fortaleza».
> —Nehemías 8:10

> Nuestra boca se llenó de risas; nuestra lengua, de canciones jubilosas. Hasta los otros pueblos decían: «El Señor ha hecho grandes cosas por ellos».
> —Salmo 126:2

¿Alguna vez has visto a dos perros encontrarse por primera vez? Hay muchas posturas, en ocasiones peleas y a menudo un ritual de olfateo. Ellos gruñen y se miden unos a otros en su forma canina. Esta clase de comportamiento no está reservada únicamente para los poodles y los pit bulls; también es un comportamiento de los pastores.

Cuando me presenté en el centro de conferencias Glen Eyrie en Colorado Springs, la testosterona ya estaba en el ambiente. El evento estaba diseñado para reunir a jóvenes pastores que estaban liderando iglesias en crecimiento. Estas congregaciones estaban identificadas como «islas de salud y fortaleza». Todavía no estoy seguro de cómo se ve una isla de salud y fortaleza o de por qué fui invitado, pero de cualquier forma fui. Oigan, un viaje gratis a Colorado… ¿qué puedo decir? Había aproximadamente veinte líderes presentes, todos hombres, y la sensación de competencia era palpable.

En la selva, los gorilas y otros primates golpean sus pechos y se gruñen unos a otros, y los carneros se dan cabezazos para establecer su dominio. Es una realidad triste que cuando los pastores se reúnen, a menudo hay mucho golpeteo de pecho también. Por supuesto, nosotros fuimos más refinados y sutiles que los animales salvajes. En realidad no nos dimos cabezazos o golpeamos nuestros pechos. Lo que hicimos en la primera noche de la reunión de jóvenes líderes de Leadership Network fue hacer comentarios sobre el tamaño de nuestras iglesias, presupuestos y predios. Jugamos el juego de «el mío es más grande que el tuyo», y observé cómo se desarrollaba el drama durante el primer día. Fui el único lo suficiente maduro como para mantenerme fuera de la tonta postura… espero.

La verdad es que actué tan inmaduramente como el resto del grupo. El objetivo del evento era crear tiempo para que líderes de «vanguardia» conversaran sobre lo que es eficaz y está dando fruto en sus ministerios. El personal de Leadership Network estaba ahí para escuchar, observar y aprender. Ellos realizarían una crónica de las historias y lecciones, las compilarían, y compartirían su aprendizaje con la iglesia en general.

Estoy bastante seguro de que los facilitadores se dieron cuenta de lo que estaba sucediendo. Para la primera noche, el líder del evento sugirió que dejáramos a un lado la agenda y simplemente narráramos historias. La invitación era simple: narra una historia de una vez en la que hiciste algo en el ministerio que falló, explotó o se salió de control.

Este pequeño ejercicio fue el catalizador para el resto de nuestro tiempo juntos.

En las horas siguientes, bajamos la guardia. Dejamos de golpearnos el pecho y empezamos a reír. Nos reímos de nosotros mismos y unos con otros. Eso fue sanador, purificador y me llenó de gracia. Un pastor narró sobre un servicio de Pascua que llevó a cabo en un casino y de cómo un hombre pasó al frente para recibir a Jesús usando un enorme traje rosado de conejo. Su contrato con el casino no le permitía quitarse la gigante cabeza de conejo mientras estaba en público. Mientras este hombre pasaba adelante, estaba sollozando y las enormes orejas rosadas se inclinaban sin control. Esta historia abrió la puerta, dando libertad a relatos hilarantes de momentos en el ministerio, lapsos de juicio dolorosamente graciosos e historias de incompetencia que requirieron toda la gracia de Dios.

Algo misterioso, sagrado y santo sucedió mientras narrábamos nuestras historias. Nos reímos tanto que nuestras costillas dolían y difícilmente podíamos respirar. Lágrimas de gozo fluían. El Espíritu Santo apareció y ya no éramos jóvenes líderes dinámicos, éramos niños.

Para entonces, casi todas las posturas habían terminado y comenzamos a comunicarnos de una manera diferente, con vulnerabilidad y honestidad. ¿Me atrevería a decir que hubo momentos de auténtica humildad? Estoy profundamente agradecido por esa reunión, porque algunos de esos hombres se han convertido en amigos de toda la vida y compañeros en el ministerio.

Hay algo poderoso en la risa. Cuando nos reímos con otros, nos tomamos a nosotros mismos menos seriamente. Estoy convencido de que en ocasiones, en una risa llena de gozo, vemos el rostro de Jesús y el Reino de Dios se acerca.

Chequeo de síntomas

Necesito reír más

- [ ] Me siento resentido con la gente que se ríe mucho y que es gozosa, especialmente otros pastores.
- [ ] Cuando miro al espejo, veo tristeza en mi rostro y me doy cuenta de que he perdido mi sentido del gozo.
- [ ] No puedo recordar la última vez que me reí tanto que dolió.
- [ ] Cuando me uno a un grupo, las cosas parecen volverse más serias, en lugar de más divertidas.
- [ ] Me gustaría tener un par de personas en las que pueda confiar tanto, que pudiera bajar la guardia y ser yo completamente, pero no puedo porque soy un pastor.

Descubre el poder de la risa llena de gozo

He conocido líderes que saben cómo reír. También he conocido pastores que parecen no estar familiarizados con el humor que te hace reír a carcajadas. He descubierto que yo puedo confiar más rápidamente en aquellos que pueden reírse que en los que luchan por guardarse una sonrisa. Hay poder y salud en la risa. En Corinth hemos aprendido a afirmar el esparcimiento, motivar el gozo y crear oportunidades para reír. Experimentamos la gracia de Dios en esos momentos y por medio de ellos nos acercamos unos a otros y a Jesús. Permíteme dejar muy en claro que los líderes en la iglesia Corinth trabajan con intensa diligencia. Somos serios cuando el momento lo demanda. Somos compasivos y hemos derramado muchas lágrimas de tristeza juntos. Pero también somos capaces de soltar una absoluta carcajada y sabemos cómo hacer reír al otro.

el lado gracioso de un líder

Un momento épico de risa que a menudo relatamos comienza cuando me senté en mi escritorio una tarde de otoño. El teléfono sonó. Era Barb, nuestra administradora. Ella me informó que Emily, de Bronner's Christmas Wonderland, el almacén de Navidad más grande del mundo, estaba al teléfono y deseaba hablar conmigo respecto a si nuestra iglesia realizaría un «pesebre viviente» para Navidad. Entre unas cuantas personas entusiasmadas corría el rumor de hacer un pesebre con animales vivos, y yo tenía una idea de dónde provenía este rumor. Le recordé a Barb que la junta de la iglesia había decidido que ese año no era apropiado para una «extravagancia» de esa naturaleza. Le pedí que le dijera a Emily que no pondríamos un pesebre viviente ese año, pero que gracias por llamar.

Unos pocos minutos después, mi teléfono volvió a sonar. Era Barb. Aparentemente Emily la había persuadido para que me preguntara si le daría solo unos pocos minutos. Emily estaba segura de que ella podría ayudarme a ver el valor de realizar un pesebre viviente. Le aseguré a Barb que no estaba dispuesto a enredarme en una conversación con Emily y le pedí que le explicara eso a la persistente especialista en Navidad.

Aproximadamente cinco minutos más tarde, mi teléfono volvió a sonar y Barb me informó que mi hermana estaba al teléfono con una emergencia. Rápidamente tomé la línea titilante para ver cuál de mis tres hermanas estaba llamando con una crisis.

«Pastor Harney, por favor, no se enoje, esta es Emily de Bronner's Christmas Store y estoy muy emocionada por ayudar a su iglesia a hacer un pesebre viviente. Si usted solo me diera unos pocos minutos de su tiempo, estoy segura de que verá el valor de este programa. Estaremos emocionados si nos permite llevarle imágenes, sonidos y aromas de la primera Navidad a su centro de adoración».

Me quedé sin palabras. Me senté ahí a escuchar su discurso de ventas, porque no sabía qué decir. Ella apresuradamente leyó su guión y al final me informó que si yo actuaba inmediatamente, podríamos reservar a Gus el camello cantor para nuestra natividad viviente. Según Emily, este altamente dotado camello se arrodillaría junto al niño Jesús y gruñiría una versión identificable de «Noche de Paz».

Le dije a Emily que esperara un momento y timbré a la oficina de enfrente. Barb respondió y le pregunté si la mujer en el teléfono había en realidad llamado a la oficina y dicho ser mi hermana con una emergencia. Barb me dijo que sí.

Tomé la línea y le expliqué a Emily cómo me sentía en referencia a ella pretendiendo ser un familiar en emergencia. Ella respondió:

139

la risa sostiene nuestra cordura

«Sería una emergencia si usted deja pasar estos fabulosos precios». Le dejé saber, en términos muy claros, que no haríamos un pesebre viviente con ella, ni este ni ningún otro año.

Minutos después, mi teléfono volvió a sonar. Era Barb comunicándome que yo había estado, dependiendo de a qué generación perteneces, en *Cámara Escondida*, *Punk'd* o *X'd*. Todo el encuentro había sido montado. Recientemente habíamos traído a un pastor para ser entrenado con el fin de que dirigiera una iglesia que nuestra congregación estaba plantando. Josh Blunt, quien ahora lidera nuestra iglesia hija, la Iglesia Comunitaria de Wayfarer, había creado el plan, escrito el guión, y hablado con su esposa, Jaime, para que me llamara y hostigara.

Este fue el inicio de una serie de muy divertidas y graciosas interacciones con Josh a lo largo de los años. A nuestro personal le encanta reír y ocasionalmente les hace bromas a los demás. Josh y Jaime encajan perfectamente y su audaz plan para meterse conmigo fue inmediatamente acogido por el resto del personal.

Luego del episodio de Gus el camello cantor, uno de los pastores, Don Porter, me sugirió que le hiciera algo a Josh. Yo le aseguré que sería así. Pero le dije que deberíamos esperar la oportunidad correcta. La revancha inmediata es predecible y aburrida. Lo que necesitaba era paciencia y estar atento. Soy un firme creyente de que Dios siempre provee.

Pasó el tiempo y el momento perfecto llegó a mis pies. Fue tarde en una noche nevada de invierno y Josh cometió un error que nunca olvidará. Pero esa historia tendrá que esperar.

Sugerencias de autoevaluación

Pregúntate lo siguiente y responde sinceramente:
1. Cuando la gente está conmigo, ¿se van habitualmente con una sonrisa en su rostro?
2. ¿Me río a menudo y los otros se ríen conmigo?
3. ¿Creo experiencias y momentos de esparcimiento, diversión y risa para la gente a quien estoy llamado a liderar?

el lado gracioso de un líder

Crea un espacio para reír, entretenerse y pasarla bien

De toda la gente en la faz de la tierra, los cristianos deberían ser los más gozosos.

De todos los lugares en el mundo, la iglesia debería inundarse libremente de gozo y risa.

¿Estás de acuerdo con estas afirmaciones? ¡Yo sí! Creo que los líderes suelen tomarse demasiado en serio a sí mismos, y si no somos cuidadosos, podemos forzar a todos los demás a tomarnos demasiado en serio también. Hay momentos para la sobriedad, la melancolía y la serena reverencia, y estos a menudo vienen con el ministerio. Pero los líderes saludables saben que existe la necesidad de equilibrio.

No puedo recordar ni una sola reunión en la que no hayamos reído. En realidad no puedo. Siempre tenemos una agenda en la cual cubrimos asuntos clave, oramos juntos y reportamos las necesidades en nuestros ámbitos ministeriales. Pero los primeros quince minutos siempre parecen llevar a algún tipo de risa. Hay ocasiones en las que reímos tanto que duele y terminamos llorando de la risa.

Ha habido reuniones en las que alguien ha pasado una grabación de un programa de televisión, como por ejemplo *The King of Queens* o *The Office*. En ocasiones, Debbie Rose nos actualiza sobre alguna historia de sus mascotas que termina siendo hilarante. Es probable que Don Porter cuente una historia (usualmente la hemos escuchado una docena de veces) sin ningún objetivo en particular más que el

Construir redes
Planificar el esparcimiento

Como líder, tienes una oportunidad única. Tú puedes establecer la agenda y en realidad planificar la diversión. Fíjate en la agenda de la siguiente reunión de personal o de la siguiente reunión del equipo de liderazgo. Luego, pon la creatividad a funcionar. Encuentra formas de hacer tiempo para la diversión, el esparcimiento e incluso la risa con tu equipo ministerial. Solo para ejemplificar, estas son algunas de las cosas que hemos hecho:

continúa ↪

la risa sostiene nuestra cordura

- Un día soleado, pedimos prestados algunos sillones tipo puf al centro de jóvenes y realizamos la reunión de personal afuera, cambiando así todo el ambiente de la reunión.
- Una semana, para nuestra reunión de personal, decidimos almorzar fuera del estado. Nos dirigimos a la frontera con Indiana y dejamos que algunos amigos amish y menonitas nos dieran de comer. Mientras estábamos fuera, nos topamos con una pareja de la iglesia. Les dije que estábamos trabajando ¡y lo estábamos! También nos divertimos mucho.
- Don Porter decidió convertir una de nuestras reuniones de personal en una tienda de malteadas. Trajimos licuadoras e hicimos batidos de fruta. Yo estaba a cargo de la malteada de chocolate por ser el menos preocupado por la salud.
- Hemos realizado retiros del personal en las cabañas de los miembros de la iglesia e iniciamos las reuniones con capítulos de *Everybody Loves Raymond* y *The King of Queens*, pasando un tiempo cantando juntos, entre otras cosas.

El punto es siempre divertirte y crear el espacio para la vida, el gozo y la risa.

hacernos morir de la risa. Rara vez es planificado, pero reímos. Lo que pienso que ayuda es que creamos el espacio para el esparcimiento, para la interacción natural, para la vida. Nuestra agenda nos guía, pero no es un patrón de tareas. Cuando las reuniones de personal fluyen según un modelo exclusivamente corporativo, nos perdemos los momentos vivificantes de la interacción humana.

A lo largo de los años, hemos tratado de llevar la risa a nuestras experiencias de adoración. Debes comprender que algunas personas en el Medio Oeste tienen sentimientos determinantes sobre cómo la adoración debe verse y sonar. Su idea de reverencia puede no incluir las risas en el santuario. Con esto en mente, hemos introducido sensiblemente elementos humorísticos en nuestros servicios.

el lado gracioso de un líder

Un domingo, estaba predicando un mensaje sobre alcanzar a nuestra comunidad con el amor de Dios. El versículo para el mensaje era: «Vengan, síganme —les dijo Jesús—, y los haré pescadores de hombres» (Mateo 4:19). Este es un tema serio, pero decidimos intentar algo creativo. Le pedí a Jim Bareman que nos diera una lección de pesca. Lo que necesitan saber de Jim es que es un anciano ordenado en nuestra iglesia, un líder en nuestro ministerio de alcance, un profesor de la Escuela Dominical e increíblemente divertido.

Jim pasó al frente de la iglesia con credibilidad, respeto y su traje de pescar completo. Él usaba un enorme sombrero cubierto de moscas de pesca y sus botas de pescador que le llegaban hasta el pecho. Llevaba un flotador alrededor de su cintura y una caña de pescar que colgaba sobre las cabezas de la gente que se había reunido para la adoración. Mientras se abría paso hacia la plataforma, comenzó a hablar sobre las moscas de pesca. Difícilmente se le podía escuchar en medio de la risa, así que subió el volumen.

Para cuando había terminado, la risa había cedido y la gente lo escuchaba atentamente. Él se veía ridículo, pero su mensaje sobre tener el equipo adecuado, pescar en el lugar correcto y la importancia de la paciencia tocó el corazón de todos en el salón. De cierta forma, la risa dispuso a la gente de tal manera que el mensaje pudo ser profundizado.

A medida que los años han pasado, la gente en nuestra iglesia ha llegado a esperar sorpresas en los servicios de adoración. A menudo he usado partes de películas que dejan claro un punto y provocan risa. Un domingo, mientras predicaba en la adoración, usé un clip de una de mis comedias favoritas de todos los tiempos, *¿Qué tal Bob?* En esta escena, Bob está cenando con la familia Marvin. Bob se ha inmiscuido en las vacaciones de la familia de su terapista y el Dr. Marvin no está feliz. Mientras comen, Bob gime y cruje con cada bocado. Él goza su comida a un nivel de deleite sensual que los hijos y la esposa del Dr. Marvin aprecian, pero Leo Marvin no. Para el final del clip, la mayor parte de la gente reunida para la adoración estaba riendo. Entonces me paré y dije: «Así es como deberíamos adorar. No más pseudoadoración a medio sentir, sin ganas y llevada por la corriente. Necesitamos saborearla, entregarnos de corazón y no preocuparnos por lo que la persona sentada a nuestro lado esté pensando sobre nosotros».

Otro domingo prediqué todo un mensaje sobre la risa. Nosotros vemos la importancia del humor, la luminosidad del espíritu y la necesidad de que los seguidores de Jesús dejen fluir el gozo. Utilicé una pequeña pieza de DVD desarrollada por un creativo de la iglesia wesleyana del área de Grand Rapids. La iglesia Daybreak había hecho una colección de clips de gente riéndose. Era hermosa: niños y adultos, hombres y mujeres, ojos llenos de gozo y risas vertiéndose de sus bocas y corazones. En algún momento, una mujer en el DVD pasó de la risa al resoplido; fue glorioso. Cuando la pieza terminó, muchos en nuestro centro de adoración estaban riendo también.

Un domingo me arriesgué e ilustré un punto con algunas ayudas visuales desarrolladas por la gente de Despair, Inc. Ellos le llaman a su línea de imágenes y afiches «Desmotivadores». Si alguna vez has visto los afiches hechos por Successories Company, tendrás alguna idea… al menos. Successories empareja hermosas fotografías con pensamientos positivos que tienen por objeto motivar a la gente. Probablemente los has visto desplegados en las paredes de las oficinas. Los materiales desplegados por la gente de Despair, Inc. son lo mismo, pero diferentes. La compañía se comercializa (medio en broma) como «hacedores de desmotivadores, herramientas revolucionarias para pesimistas, mediocres y fracasados crónicos». Sus afiches me matan de la risa. Estos son algunos ejemplos:

- ♣ El pie de foto que acompaña a la fotografía de un pequeño pingüino dice: «LIMITACIONES: Hasta que extiendas tus alas, no tienes idea de cuán lejos puedes caminar».
- ♣ Otro afiche muestra una pieza de madera con muchos clavos a medio clavar y doblados en todas las direcciones. El pie de foto dice: «INCOMPETENCIA: Cuando crees fervientemente que puedes compensar la falta de talento esforzándote más, no existe un límite para las cosas que no puedes hacer».
- ♣ En un afiche con un impresionante atardecer, leemos: «MOTIVACIÓN: Si un atractivo afiche y unas palabras bonitas son todo lo que se necesita para motivarte, probablemente tienes un trabajo fácil. La clase de trabajo que los robots estarán haciendo pronto».

Cuando le mostré estos afiches a la congregación, se me recordó que el humor es subjetivo. Si corres a Despair.com a ver las docenas de afiches disponibles, probablemente tienes un sentido del humor parecido al mío. Si dices: «Esos afiches no me parecen muy atractivos; no creo que sean divertidos», tienes algún otro tipo de sentido del humor. Pero como le dije a la congregación ese domingo por la mañana: encuentra lo que te hace reír y deja que la risa fluya.

Durante estos años, he tratado de ser un mentor de la risa para el personal que lidero, la congregación e incluso mis hijos. Estuve extremadamente orgulloso cuando mi hijo menor, Nate, quien tiene un ingenio agudo, me dio una impresión enmarcada para Navidad. Es una fotografía de una hermosa noche estrellada con una estrella fugaz brillando en medio de la oscuridad. El texto inferior dice: «DESEOS: Cuando le pides un deseo a una estrella fugaz, tus sueños se vuelven realidad. A menos que en verdad se trate de un meteorito dirigiéndose a la tierra que destruirá toda la vida. Entonces, básicamente estás en problemas, no importa lo que hayas deseado. A menos que sea morir por un meteoro». ¿Qué más puede esperar un padre?

Pasa tiempo con gente divertida

Podemos enriquecer nuestra alma y fortalecer nuestros ministerios pasando tiempo con gente que nos haga reír. Somos sabios al alimentar relaciones con gente que tiene una disposición positiva, fluye con el gozo de Jesús y sabe cómo divertirse.

Algunos años atrás en una conferencia de pastores, mi esposa Sherry y yo nos sentamos junto a Wes y Claudia Dupin en una cena formal. Para cuando la cena terminó, habíamos cambiado los asientos para que Sherry pudiera conversar con Claudia y yo pudiera conversar con Wes. Dios entretejió rápidamente nuestros corazones y nos volvimos grandes amigos. Cuando estamos con los Dupin —y nos reunimos con ellos tan a menudo como sea posible—, oramos juntos, hablamos de planes y estrategias ministeriales, y siempre conversamos sobre las maneras de alcanzar a nuestra comunidad con el evangelio. Esto es definitivamente una relación de «el hierro se afila con el hierro». Sin embargo, de alguna forma, en medio de todas las conversaciones ministeriales serias nos reímos. Ha habido ocasiones en que Sherry y yo hemos salido luego de cenar con los Dupin y mi estómago duele de tanto reírme. Y me gusta. Un día Wes me llamó y me preguntó si el equipo de liderazgo mayor de la iglesia Daybreak podía venir y pasar una tarde con Sherry y conmigo. Él quería que nosotros habláramos con ellos sobre ayudar a la iglesia a construir puntos de transición para que los nuevos creyentes crezcan en su fe y se conecten con la vida de la iglesia. Cuando terminamos de hablar de nuestros pensamientos, Wes me preguntó si el equipo podía usar mi oficina por una hora para seguir procesando lo que habían aprendido. Yo le dije que estaba bien y le expliqué a Wes que antes de dejar mi oficina podían tomar un libro de la sección

la risa sostiene nuestra cordura

«para obsequiar» de mi biblioteca. Les mostré las cuatro repisas llenas con los libros que me gusta regalarle a la gente.

Les conté que cuando estaba creciendo, mi doctor tenía una caja repleta de brazaletes de colores, anillos de araña, goma de mascar sin azúcar y otras baratijas, entre las cuales yo podía escoger antes de salir. Les expliqué que tenía el mismo programa, solo que yo entregaba libros, uno por cada persona.

Cuando llegué a mi oficina al día siguiente, las cuatro repisas estaban vacías. ¡Se habían llevado todos mis libros! Tiempo después, encontré dónde Wes había escondido mis libros solo para molestarme. La siguiente ocasión que hablamos, Wes me preguntó si algo estaba faltando en mi oficina cuando llegué al día siguiente. Yo insistí, de la manera más seria, en que todo estaba en orden. Cuando él me contó sobre haber escondido mis libros, lo dejé pensar que el guardián debió haberlos encontrado y colocado en su lugar antes de que yo llegara. Yo

Te cuido la espalda
Encuentra un mentor de gozo

Tengo un puñado de gente en mi vida que siempre me produce gozo y risa. De manera regular paso tiempo con estas personas. Hay momentos en que siento que mi alma está extenuada y pienso que podría perderla. Estas personas me ministran profundamente. Estos «mentores de gozo» juegan un papel único en la vida de un líder.

Identifica a la gente que Dios ha colocado en tu vida y que te trae gozo, luminosidad al espíritu y risa. Reúnete frecuentemente con estas personas. Dales permiso para decirte cuándo te estás tomando demasiado en serio a ti mismo. Invita a esta gente a jugar el papel que Dios les ha dado para ayudarte a aliviarte cuando tu esfínter está demasiado apretado o piensas que el futuro de la iglesia reposa únicamente sobre tus hombros.

no quería que él supiera que me había embromado, y no lo sabrá hasta que lea este capítulo.

Ríe o muere

La gracia lleva a la risa y la risa lleva a la gracia. Cuando caminamos firmemente en la gracia de Jesús, nos vemos con claridad. Podemos admitir nuestras fragilidades, debilidades y necesidades. No necesitamos pretender que somos perfectos o que tenemos todo bajo control. Cuando caminamos en la gracia de Jesús, podemos reírnos con otros e incluso de nosotros mismos, porque sabemos que somos amados y somos preciosos a los ojos de Dios, incluso con nuestras debilidades. De igual manera, la risa conduce a la gracia. Cuando aprendemos a reír, cuando el gozo inunda nuestra alma, Jesús está cerca.

Los líderes deben aprender a reír. Debemos reírnos de nosotros mismos, reírnos unos con otros y también reírnos de algunas de las tonterías que enfrentamos en el trabajo de la iglesia. Si nos tomamos seriamente todo lo que hacemos, nos marchitaremos y moriremos en nuestro interior. Si no podemos abrir la válvula de presión con la risa, es probable que simplemente explotemos. Así que ríe o muere. Depende de ti.

La revancha de Gus, el camello cantor

La primera nieve de la temporada cayó suavemente sobre el oeste de Michigan, cubriendo el parqueadero de la iglesia con una pulgada del blanco manto. Cuando caminé hacia afuera, el aire estaba frío y vigorizante, fresco y podías olerlo: la revancha estaba en el aire. Josh Blunt, el instigador del episodio de Gus, el camello cantor, estaba a punto de experimentar la furia total de la represalia.

Habíamos estado en una reunión de la junta de la iglesia parte de la noche y cuando conduje del parqueadero trasero, me di cuenta de que alguien había derrapado en la nieve haciendo círculos por todo el estacionamiento. Yo seguí las huellas hasta el lugar donde Josh siempre estacionaba. Su oficina estaba cerca del departamento de niños, así que era el único que estacionaba en la parte trasera. Él había estado en la reunión nocturna, así que la conclusión lógica era que había estado conduciendo y dando vueltas alrededor del parqueadero antes de dirigirse a casa.

Temprano a la mañana siguiente llamé a la oficina. Era martes, normalmente mi día sabático. Así que le pedí a Barb que enviara un

la risa sostiene nuestra cordura

correo electrónico al personal, informándoles que la policía había recibido una llamada tarde en la noche del lunes por parte de un oficial fuera de servicio, quien había visto actividad sospechosa en la iglesia: un todoterreno corriendo alrededor de la iglesia rompiendo cosas. Hice que Barb le informara al personal que uno de nuestros ancianos, quien también es alguacil, había conducido hasta la iglesia luego de la medianoche para investigar y él aseguraba que alguien había estado corriendo alrededor del estacionamiento trasero haciendo círculos en la nieve. No había señal de que hubieran forzado la entrada.

Barb envió un correo electrónico masivo, pero le dijo a todo el mundo, excepto a Josh, que se trataba de una broma. El primer paso era ver si Josh confesaba.

Más tarde, esa mañana, Josh respondió desde su propio correo. Él admitía haber hecho unas pocas «maniobras controladas en un ambiente seguro, lejos de la mirada de los niños» luego de la reunión de la junta. Pareció tomar todo el asunto a la ligera y le aseguró a Barb que solo estaba probando sus aptitudes como conductor para el invierno. Su nota tenía un tono de burla y era claro que no veía la gravedad de la situación.

Así que le ayudamos a tener una mejor perspectiva.

Escribí un correo electrónico pretendiendo ser el oficial Huizenga (uno de nuestros ancianos), expresando gran preocupación de que un ministro tomara esta clase de comportamiento tan a la ligera. En la nota, él expresaba frustración por haber recibido una llamada y haber tenido que ir hasta la iglesia luego de la medianoche. Siendo sincero, lo exageré mucho, pero el oficial Huizenga me dio permiso. Él estaba dispuesto a seguir el juego.

Ahora Josh se estaba sintiendo mal. Él vino hasta la oficina para hablar con Barb y saber por qué tanto problema. Ella le aseguró que correr en el estacionamiento, a cualquier hora, no era un asunto de risa. Ella incluso le contó cómo uno de sus hijos había perdido el privilegio de usar el estacionamiento de la escuela por una semana, luego de derrapar en la nieve en la secundaria. Le dijo que estaba bastante segura de que no perdería sus privilegios para usar el estacionamiento en la iglesia, pero que uno nunca sabe; que este era un asunto serio.

En este punto, comencé a recibir llamadas de algunos miembros del personal que sentían que debíamos dejar a Josh salir del problema. Yo asumí toda la responsabilidad y le dije a todo el mundo que sería bueno para Josh que durmiera con esta preocupación. A la mañana siguiente, llegué a la oficina e imprimí un memo de Barb para todo el personal

el lado gracioso de un líder

preguntando sobre la actividad nocturna en el estacionamiento, una copia de la respuesta de Josh y una copia de las preocupaciones del oficial Huizenga. Luego, presioné el botón de intercomunicación y con la voz más severa que pude esbozar, le pedí a Josh que viniera a mi oficina. Josh entró cabizbajo y se sentó. Yo no lo miré a los ojos, sino que presioné el botón y le pedí a Don Porter que se uniera a nosotros. Él se sentó y fue entonces cuando de verdad comenzó la diversión.

Yo dije: «Josh, estoy fuera un día y cuando regreso encuentro este paquete de correos electrónicos sobre cómo estuviste correteando alrededor de los predios de la iglesia a altas horas de la noche, haciendo maniobras peligrosas. Los ancianos son llamados a la iglesia luego de la medianoche para inspeccionar la propiedad. La policía recibe un llamado. ¿Qué es lo que está sucediendo?».

Para ese momento, la mayor parte del personal se había reunido fuera de mi puerta, la cual estaba ligeramente abierta. Josh comenzó a contarme toda la historia y se puso a pedir disculpas. Pero él estaba confundido de por qué esto se había convertido en tal problema. Todo lo que había hecho era unos cuantos giros. Él solo se estaba divirtiendo un poco. Yo le aseguré que las cosas pequeñas pueden convertirse en problemas muy grandes en la vida de la iglesia. Que a medida que creciera como líder, comprendería esto. Que por ahora tendría que confiar en mi palabra. Luego, volví a presionar el botón del intercomunicador y le pedí a Barb que trajera el nuevo correo electrónico que el oficial Huizenga había enviado.

Le leí la carta a Josh. Esta reforzaba todo lo que yo le había dicho y estaba firmada: «Sinceramente, oficial Larry Huizenga (GECC)».

Entonces yo le pregunté a Barb:

—¿Qué significa «GECC»?

—Oh, eso es Gus, el camello cantor —dijo ella.

—¿Quieres decir que la carta fue escrita en realidad por Gus?, —le dije.

Ella me aseguró que sí.

Josh comenzó a entender todo.

—¿Es decir que la carta no era de la policía?

Yo le dije que no.

—¿Y la otra carta?

Dejamos a Josh salir del enredo. Le tomó unos pocos minutos comprender. Finalmente le dije:

—Josh, lo único que en verdad sucedió es que tú derrapaste sobre la nieve en el estacionamiento. Todo lo demás es una ilusión.

149

la risa sostiene nuestra cordura

Él unió todas las piezas de inmediato y se inclinó diciendo:
—No valgo la pena, no valgo la pena.

Hay más en esta historia e incluso más capítulos que serán escritos en los años por venir. Dado que servimos al Señor juntos, jugaremos, reiremos y nos deleitaremos en el Dios que ríe con nosotros. Yo espero que ustedes puedan reír juntos y proporcionarle esta clase de gozo a su ministerio.

capítulo 8

Comprendamos y controlemos nuestros deseos sexuales
La libido de un líder

Sé que el autocontrol es fruto del Espíritu. Se espera disciplina de aquellos que lideran la iglesia. Pero yo soy solo una persona, con las mismas flaquezas, deseos y pasiones que cualquier otra persona enfrenta. En ocasiones mis ojos tienen un festín con las imágenes en la pantalla de un computador o de la televisión que me impactan, pero aun así encuentro difícil dejar de mirar. Hay momentos en que mis necesidades emocionales claman y si no soy cuidadoso, puedo dejar que la persona equivocada las satisfaga. Busco vivir con fronteras claras y que honren a Dios en mis relaciones, pero las líneas pueden ser borrosas. Sé que mi sexualidad es un regalo bueno de Dios. Sin embargo, hay otras en los que mis deseos parecen demasiado poderosos como para controlarlas. Dios, ayúdame a honrarte con toda mi vida, incluyendo mi sexualidad.

comprendamos y controlemos nuestros deseos sexuales

> Huyan de la inmoralidad sexual. Todos los demás pecados que una persona comete quedan fuera de su cuerpo; pero el que comete inmoralidades sexuales peca contra su propio cuerpo. ¿Acaso no saben que su cuerpo es templo del Espíritu Santo, quien está en ustedes y al que han recibido de parte de Dios? Ustedes no son sus propios dueños. Fueron comprados por un precio. Por tanto, honren con su cuerpo a Dios.
>
> —1 Corintios 6:18-20

> ¡Bendita sea tu fuente! ¡Goza con la esposa de tu juventud Es una gacela amorosa, es una cervatilla encantadora. ¡Que sus pechos te satisfagan siempre! ¡Que su amor te cautive todo el tiempo!
>
> —Proverbios 5:18-19

Fue un año difícil. Recibí tres ganchos que noquearon el aire espiritual en mí.

El primer gancho vino cuando un querido hermano que había sido parte del grupo de rendición de cuentas de pastores conmigo por muchos años dejó a su esposa, hijos y ministerio por una mujer de su iglesia. Él impactó a los miembros de nuestro grupo con una serie de decisiones que pusieron su vida de cabeza. Tristemente, nunca vino a nosotros temprano en el proceso, cuando su corazón estaba encaminándose hacia otra mujer. Él nos habló después que el daño había sido hecho, las fronteras sexuales habían sido cruzadas y su ministerio se había visto comprometido. Mi respuesta inicial fue la ira. Nuestro grupo de pastores oró con él y lo desafió a buscar la restauración junto a su esposa. Sin embargo, rechazó nuestro consejo. Nosotros continuamos orando por él y buscamos mantener la puerta de nuestras vidas abierta para él.

Unos meses después, me asestaron el segundo golpe. Recibí una llamada de otro pastor amigo. «¿Puedo pasar por tu oficina a hablar? Necesito verte de inmediato». Yo abrí espacio en mi calendario para la mañana. Él entró a mi oficina, se sentó en una silla, no hizo contacto visual y pensativamente se mantuvo al piso. Finalmente, habló: «He pecado. Podría costarme todo. Ni siquiera sé cómo sucedió, pero he pecado». Oré por él y luego escuché. Me explicó que se había involucrado con una mujer, que había desarrollado una relación emocional y finalmente un encuentro sexual. Cuando la mujer descubrió que él era pastor, decidió contarlo todo. Una vez más, experimenté una fuerte respuesta emocional. Pero en esta ocasión, no estaba enojado. Estaba paralizado, confundido y lleno de desesperación. La tristeza cayó sobre mí. Yo confiaba en este líder como si fuera mi hermano. No lo vi venir. Tenía el corazón roto por su esposa, hijos, iglesia y por él. Lloré por el efecto que sus decisiones tendrían sobre tanta gente. Una luz en medio de toda esta situación fue que él se comprometió a un proceso de confesión y reconciliación.

El golpe final llegó cuando escuché las acusaciones sobre Ted Haggard, presidente de la Asociación Nacional de Evangélicos de EEUU. Los reporteros estaban hablando de «acusaciones» sobre estar involucrado con un prostituto y con el uso ilegal de drogas. Parecía exagerado, casi demasiado bizarro. Pero algo dentro de mí se rompió. Yo nunca había conocido a este pastor, pero mi instinto me decía que cuando se despejara el humo, las cosas serían incluso peores de lo que inicialmente se reportó. Esto no era algún tipo de profecía, sino sentimientos basados en lo que había experimentado con mis dos pastores amigos. Me estaba dando cuenta de manera muy dolorosa del siniestro poder de la tentación sexual.

Una vez que las confesiones llegaron y las cosas salieron a la luz, entré en un territorio emocional desconocido. Yo no estaba enojado ni triste. Estaba lleno de temor y sentía una profunda introspección. Líder tras líder, estaban haciendo naufragar sus vidas gracias a los aprietos sexuales, y yo tenía una conciencia sobria de que no estaba más allá de la tentación. Me descubrí escudriñando mi propia habilidad de autoengañar, mi propensión al pecado, cómo podía racionalizar elecciones pobres y cómo podía vivir una doble vida si no era muy cuidadoso. La ira llegó cuando me di cuenta de que mi primer amigo estaba dejando a su familia y ministerio por otra mujer. La tristeza ancló

Chequeo de síntomas
Mis deseos necesitan control

☐ Me encuentro permitiendo que gente de mi iglesia satisfaga necesidades emocionales que solo deberían ser satisfechas por mi cónyuge.

continúa ⮕

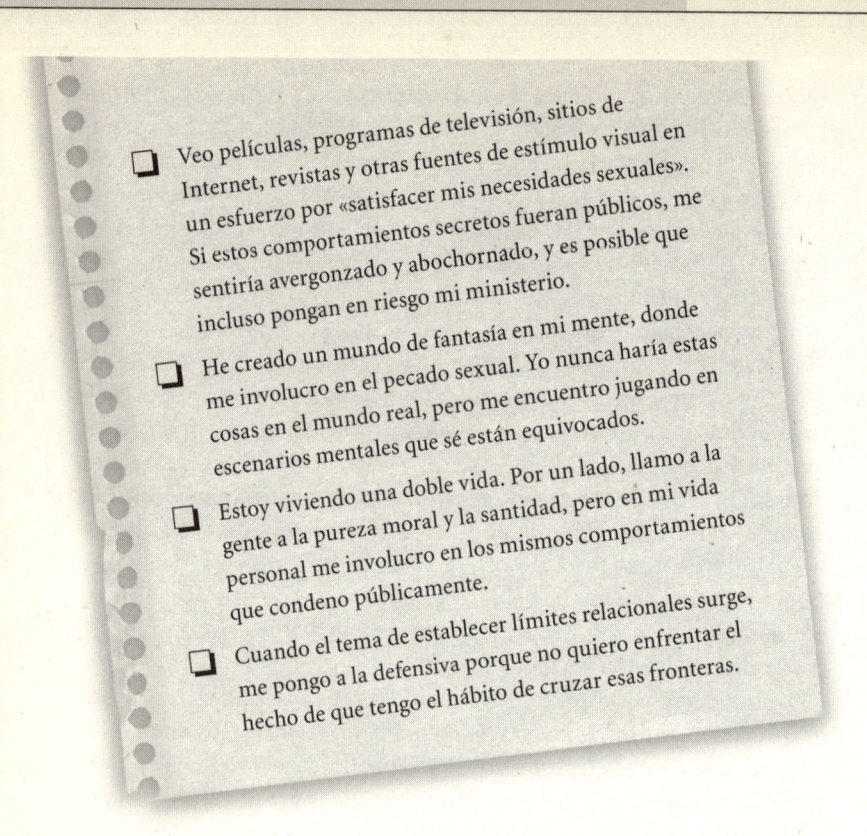

comprendamos y controlemos nuestros deseos sexuales

- Veo películas, programas de televisión, sitios de Internet, revistas y otras fuentes de estímulo visual en un esfuerzo por «satisfacer mis necesidades sexuales». Si estos comportamientos secretos fueran públicos, me sentiría avergonzado y abochornado, y es posible que incluso pongan en riesgo mi ministerio.

- He creado un mundo de fantasía en mi mente, donde me involucro en el pecado sexual. Yo nunca haría estas cosas en el mundo real, pero me encuentro jugando en escenarios mentales que sé están equivocados.

- Estoy viviendo una doble vida. Por un lado, llamo a la gente a la pureza moral y la santidad, pero en mi vida personal me involucro en los mismos comportamientos que condeno públicamente.

- Cuando el tema de establecer límites relacionales surge, me pongo a la defensiva porque no quiero enfrentar el hecho de que tengo el hábito de cruzar esas fronteras.

en mí cuando acompañé a mi segundo amigo en medio de su lucha. Un sobrio temor me atrapó cuando las noticias sobre Ted Haggard se hicieron públicas. El temor no se ha ido. Espero que nunca lo haga.

El poder de la mente

No puedo creer que hayan pasado tres décadas desde que crecí en la calle Santa Bárbara, en Fountain Valley, California. Mientras escribo estas palabras, me encuentro sentado a tres mil doscientos kilómetros y a toda una vida de distancia de la casa de mi infancia. Pero a la velocidad del pensamiento, puedo cerrar mis ojos y encontrarme parado en nuestro patio delantero. Puedo ver las enredaderas, la casa de mi mejor amigo al otro lado de la calle y las «Z» gigantes decorativas (una en la parte delantera y otra en la parte trasera) en nuestra puerta del garaje.

Puedo ver el corredor de nuestra casa, la tira de alfombra que mi papá y mi mamá nos hacían correr para adelante y para atrás cuando uno de nuestros pies se quedaba dormido durante la cena. Era una tortura correr con un pie hormigueando. Pero recorrer de tres a cuatro veces el pasillo siempre cumplía su objetivo. Incluso puedo oler el dulce de chocolate que mi mamá hacía cuando teníamos invitados. La esencia todavía permanece emanando a través del baúl de mis recuerdos. El poder de la mente es asombroso. Puede transportarnos prácticamente a cualquier parte en un abrir y cerrar de ojos. Lo que hacemos con nuestra mente, a dónde vamos, en lo que nos enfocamos, es crítico para los líderes. La mente puede ser un lugar glorioso para la esperanza, los sueños, el gozo y la visión. Y también puede ser la prisión de la lujuria, la ansiedad y el miedo.

Depende de nosotros.

Cada uno puede elegir controlar la vida de nuestros pensamientos y usarla para actividades que honren a Dios o podríamos permitir que divague salvajemente y sufrir las consecuencias. Como un niño malcriado en una tienda de chocolates, si permitimos que la vida de nuestros pensamientos consuma lo que quiera que desee, terminaremos enfermos, sentados sobre una pila de envolturas de caramelo, preguntándonos por qué nos sentimos tan enfermos si todo supo tan bien.

Los líderes no pueden darse el lujo de vivir de esa forma. Aunque todo líder tiene flaquezas y luchas con el pecado, estamos llamados a ofrecerle toda la fuerza de nuestra capacidad mental a Dios. Mientras alimentamos la vida de nuestros pensamientos, descubrimos lo que significa: «Ama al Señor tu Dios con todo tu corazón, con toda tu alma y con toda tu mente» (Mateo 22:37).

Tanto los líderes que están casados como los que están solteros enfrentan este desafío. En una cultura saturada de sexo, debemos

Conocimientos médicos
Es probable que tú no lo veas, pero está ahí

Con una mirada de sabiduría en sus ojos, el Dr. Dekkinga preguntó: «¿Cuándo notaste por primera vez el problema con tu piel?» Yo pensé en ello y respondí: «Cuando tenía treinta y seis años». Jack sencillamente asintió con su cabeza para confirmar lo que ya sospechaba.

continúa ⇨

comprendamos y controlemos nuestros deseos sexuales

Él explicó que la clase de problema de piel que yo tengo, que se debe a la sobreexposición al sol, tiende a aparecer aproximadamente veinte años después de que el daño se ha hecho. Él estaba en lo correcto. Yo había pasado largos días al sol todos mis veranos, hasta que estuve en el segundo año de secundaria. Pero por dos décadas, no hubo señal de problema alguno. Mi piel estaba bien. No había manchas secas, heridas recurrentes o ninguna indicación de consecuencias serias de mis maratónicos días en la playa. Jack me dijo que esto era común.

Si me hubieras preguntado: «¿Todos los años que pasaste bajo el sol de California dañaron tu piel?», yo te hubiera dicho que tal cosa no había sucedido. Pero hubiera estado equivocado. El daño estaba ahí y yo iba a tener que sufrir las consecuencias. Simplemente estaba en un programa de pagos diferidos.

Los líderes que batallan con el pecado sexual escondido enfrentan la misma realidad. Es probable que sientan que lo tienen todo cubierto y que nadie va a saberlo. La vida privada de su pensamiento o sus hábitos al mirar son solo eso: privados. Pero así como el cáncer de piel, estos siempre salen a la superficie. Mientras más los ignoramos, peor se ponen las cosas.

guardar nuestra mente. Esta es la primera línea de defensa. Un líder cuyo mundo exterior es limpísimo, podría aun así permitir que el mundo de la mente sea pervertido. La misma mente que puede catapultarnos hacia la casa de nuestra niñez puede crear vívidos escenarios sexuales que deshonren a Dios. Los líderes saludables de iglesia inspeccionan la vida de sus pensamientos y se aseguran de que están buscando vivir en santidad, incluso en los compartimentos secretos de sus mentes.

La mente es un campo de batalla. Si el enemigo puede dominar allí, puede infiltrarse, envenenar y destruir todo ámbito en nuestra vida. Yo descubrí esta batalla tempranamente en mi vida como seguidor

la libido de un líder

Ayuda de mis amigos

¿Qué te ayuda a mantener tus motivaciones y tu vida puras?

Mi modelo para la moralidad e integridad es mi papá. Él es un hombre de profundas convicciones y carácter personal. He tenido conversaciones regulares con él en referencia a lo que significa vivir una vida moral a lo largo de los años. Él me desafía constantemente y me provee un modelo de carácter impecable.

Mi esposa Claudia y yo somos libros abiertos el uno con el otro. Si alguna vez hay una pregunta referente a cualquier valor, decisión o conducta, nos preguntamos mutuamente.

Mi motivación personal son mis dos hijos, a quienes admiro y adoro profundamente. Cuando soy tentado a ir por el camino equivocado en lo que a la moral se refiere, a menudo me pregunto: «¿Cómo impactará esta decisión la vida de mis hijos?». Esta es una enorme motivación para la pureza.

Mi junta de ancianos se reúne regularmente conmigo para realizarme preguntas difíciles. Esto no siempre es cómodo, pero es extremadamente valioso.

Mi congregación está completamente consciente de mi vida. Soy franco con ellos en lo que respecta a mis valores e integridad. Nunca he pretendido ser perfecto y estoy dispuesto a hablar de mis fracasos, luchas, tentaciones y debilidades. Yo hablo con ellos de mis decisiones personales sobre valores y ética.

—Wes Dupin, pastor principal, Iglesia Comunitaria Daybreak, Hudsonville, MI

de Cristo. Era un estudiante buscando vivir mi fe en el campus universitario de Orange Coast. Cada día representaba un reto. Encontré a mi mente vagando por lugares a los que no debió haber ido. Había mujeres atractivas en todas las clases y en todas partes del campus. Dado que teníamos un interminable verano, muchas usaban ropa de playa y esto únicamente complicaba el problema.

comprendamos y controlemos nuestros deseos sexuales

Yo deseaba entregar mi mente a propósitos superiores. Pero tenía problemas para pensar en cualquier otra cosa que no fuesen las mujeres. Había estado leyendo los evangelios y estaba impactado por cómo Jesús había batallado, citando las Escrituras, con las tentaciones de Satanás (Mateo 4:1-11; Lucas 4:1-13). Si mi Salvador usó la Biblia como un arma en contra de los ataques del enemigo, yo también lo intentaría.

Decidí memorizar unos pocos versículos del libro de 1 Pedro. Cada vez que mi mente vagara, meditaría en estos versículos. La primera semana me encontré caminando alrededor del campus, murmurando constantemente: «Pedro, apóstol de Jesucristo, a los elegidos, extranjeros en el mundo...». Sinceramente, no fue de mucha ayuda.

Me aferré a mi compromiso. Si iba a ser un líder en la iglesia, si iba a vivir la vida para Dios, deseaba que mi mente estuviera bajo su control y no vagabundeando salvajemente. Así que cada vez que me encontraba fijándome en las adorables damas de Orange Coast, volvía a 1 Pedro. A medida que un versículo se volvía parte de mi pensamiento y echaba raíces en mi corazón, añadía otro.

Para darte una idea de cuán cruenta era la batalla y cuánto mis ojos y mi corazón vagaban, durante ese año en la universidad memoricé los cinco capítulos de 1 Pedro y también el libro de Hageo. Hice esto no porque fuera disciplinado, sino porque estaba desesperado. Al principio, cuando mi mente vagaba por los lugares equivocados, mi respuesta era mecánica. Empezaba con 1 Pedro, capítulo 1, versículo 1. Repetía las palabras tan rápido como podía. Incluso este enfoque terapéutico era útil. Algunos de los momentos llenos de lujuria decayeron y yo pensaba más en la Palabra de Dios. Pero con el tiempo, algo más sustancial sucedió. La verdad y el poder de la Palabra de Dios llenaban y dominaban la vida de mi pensamiento. Lentamente dejé de morar en los pensamientos que deshonraban a Dios y envenenaban mi perspectiva de la mujer. Comencé a reflexionar en la bondad de Dios, el valor de la gente y la verdad que estaba aprendiendo. Empecé a orar por la gente en el campus. Mi mente estaba siendo formada por los valores de Dios y no por los valores del mundo.

Durante el año, algo asombroso sucedió. La batalla disminuyó. No se fue, pero menguó intensamente. Mi mente se enfocó más y más en los pensamientos que honran a Dios. Créeme, no fue una solución rápida, pero con el tiempo algo dentro de mí cambió. Cerca de tres décadas después, todavía vuelvo a meditar en las Escrituras cuando mis ojos y mi mente vagan a donde no deberían estar. Cada vez que

la libido de un líder

> ## Conocimientos médicos
> ### Cuidado preventivo
>
> Cuando conversé con el Dr. John Albrecht, mi dentista, él comenzó a hablar sobre la importancia del cuidado preventivo. John me explicó que en la década de los sesenta, un equipo de la Universidad de Michigan había realizado estudios sobre las enfermedades periodontales (enfermedades de las encías) y descubrieron que la causa primaria era la infección bacteriana. En esa época, había relativamente pocos higienistas dentales. La mayoría de los dentistas realizaban una limpieza dental rápida de diez a quince minutos, pero no se ocupaban del sarro bajo las encías.
>
> Una vez que la causa de la enfermedad periodontal fue identificada, las medidas preventivas pudieron ser tomadas. La mayor parte de los higienistas dentales ahora limpian y raspan exhaustivamente los dientes en cada cita. Ellos se fijan bajo las encías y remueven el sarro, de tal forma que las bacterias no puedan introducirse en él y atacar la encía. Los dentistas alientan el cepillado profundo, pero saben que esto solo limpia aproximadamente el sesenta por ciento de la superficie dental. Por eso educan a sus pacientes sobre cómo usar hilo dental y limpiar el otro cuarenta por ciento. Cuando los pacientes entran en el proceso de cuidado preventivo, la salud dental aumenta. Cuando se rehúsan a hacer su parte, el problema crece.

lo hago, la verdad de la Palabra de Dios me da poder en la batalla espiritual.

Memorizar versículos de la Biblia y recitarlos puede parecer anticuado. Algunas personas ven esto como una disciplina para niños en edad escolar que tratan de obtener estrellas en el cuadro de honor de su clase de la Escuela Dominical. Yo no estoy de acuerdo. Creo que la mejor manera de practicar el cuidado preventivo de nuestra alma en lo que se refiere a la tentación sexual es saturando nuestra mente con la Palabra de Dios. Meditar en las Escrituras es un proceso de limpieza, y con el tiempo, podemos dirigirnos a las porciones de la Biblia que hemos memorizado.

La sabiduría de establecer límites

Otra manera de evitar caer en el pecado sexual es fijando límites claros y que honren a Dios. Los líderes sabios entienden que la más benigna de las relaciones puede convertirse en un problema si no estableces claros límites físicos, emocionales y relacionales. Esto es algo a lo que dediqué muchos pensamientos en las etapas tempranas de mi entrenamiento ministerial.

La tarea era sencilla: escribir un caso de estudio sobre algún aspecto de las relaciones en el ministerio. Cada uno de nosotros presentaría sus papeles la siguiente vez que se reuniera nuestro grupo de discusión del seminario. Yo decidí tratar el asunto de los límites en el ministerio. Siendo un hombre joven, al realizar un trabajo ministerial con estudiantes de secundaria, había establecido algunos límites que encontré útiles y decidí discutirlos en mi caso de estudio.

Dos semanas después, nos reunimos para presentar nuestros casos. Yo había trabajado arduamente a fin de enumerar mis límites y las razones para establecerlos. Me sentía bien con respecto a mi documento. Realmente creía que mi presentación sería útil y bien recibida por los miembros de mi grupo de discusión.

Estaba equivocado.

Comencé tratando la realidad de que todos aquellos que servimos en la iglesia o en cualquier ministerio cristiano enfrentamos la tentación. Dejé claro que la gente en el liderazgo tiene la responsabilidad de cuidarse mucho de no caer en la tentación sexual y que incluso estamos llamados a «evitar toda clase de mal». Los miembros del grupo parecían resistirse a estos conceptos y sus ojos me dejaron saber que no estaban conmigo.

Entonces presenté los límites que yo había establecido en mi ministerio de jóvenes. Primero, nunca me reuniría a solas con ninguna de las mujeres de mi grupo de jóvenes, a menos que mi esposa o la secretaria de la iglesia estuvieran lo suficientemente cerca como para oír. Los miembros del grupo me miraron con escepticismo. Luego, expliqué que era cuidadoso de no ser demasiado físico con las mujeres del grupo de jóvenes. En particular, les dije que cuando abrazaba a las chicas, lo hacía únicamente con un brazo, de costado, con lo que yo llamaba un «abrazo de amigos». Yo evitaba el abrazo frontal. Para ese momento, el grupo me estaba mirando enfurecido, pero yo seguí adelante. Aparentemente, mi límite final fue la gota de agua que colmó el vaso. Les dije que yo nunca dejaba al final a una chica del grupo de jóvenes en su casa, sino que me salía de la ruta para dejar primero a la chica, de tal manera que nunca estaba a solas en el auto con ninguna de las muchachas del grupo de jóvenes.

Fue entonces cuando uno de los miembros de mi grupo de discusión se lanzó sobre mí. «¡Eso es ridículo! ¡Debes estar bromeando!»

No encontré al grupo de discusión razonable y pensante que había esperado. En lugar de ello, los miembros del grupo me censuraron por ser tan rígido. Ellos me explicaron que yo estaba completamente fuera de lugar y que mis límites podían en realidad interponerse con mi ministerio.

Miré al profesor en busca de apoyo. Él se enfocó en mí con gran preocupación en sus ojos, eligió sus palabras cuidadosamente y dijo: «Pienso que tienes miedo de tu propia sexualidad».

Me detuve, pensé larga y arduamente y dije: «¡Es mejor que crean que lo estoy! ¡Estoy aterrorizado de ella!».

El silencio era palpable.

Finalmente, uno de los sujetos en el grupo habló en tono increpante: «Soy casado, pero mi mejor amiga es una mujer que no es mi esposa. Ella es una compañera aquí en el seminario. Pasamos tiempo juntos y a solas. Me siento cómodo abrazándola y no veo ningún problema con ello». Mientras lo escuchaba, pude recordar la primera vez que lo había visto en el campus con su «mejor amiga». En realidad pensé que ella era su esposa y me impactó descubrir que no lo era. Para mí era claro que él estaba profundamente encaprichado con esta mujer y obtenía una atención poco saludable de ella.

Ahora estaba siendo regañado.

Ayuda de mis amigos
¿Cómo estableces límites?

Como mujer, mi lineamiento es no estar sola con un hombre, especialmente un hombre casado. Yo también mantengo límites apropiados, tanto espiritual como emocional y físicamente. Incluso si yo pienso que no es un problema, intento evitar un problema potencial.

continúa

comprendamos y controlemos nuestros deseos sexuales

> Cuando voy al cine pero hay una escena que siento que no necesita ser vista, cierro mis ojos (y en ocasiones mis oídos) cuando esta se acerca. De manera ocasional, simplemente tengo que dejar lo que pensé iba a ser una buena película. Las imágenes y palabras equivocadas se pegan como dardos a mi mente. Trato de evitar el primer contacto. Esto se aplica para toda clase de medio de comunicación.
> —Nancy Grisham, PhD, líder evangelista, Livin' Ignited

Yo dije: «Déjenme decirles algo. En veinte años, todavía estaré en el ministerio. Es probable que mis límites se interpongan con algunas cosas, pero también me protegerán de toda clase de riesgos».

Dos décadas después, todavía estoy en el ministerio. También tengo una serie de límites para mis relaciones con las mujeres y son incluso más rígidos. Si me preguntaras si todavía tengo miedo de mi sexualidad, respondería de una manera un poco más gentil que como respondí veinte años atrás, pero todavía diría: «Sí, lo tengo».

En la iglesia Corinth, abordamos el tema de los límites con los miembros de nuestro equipo de trabajo. Tenemos lineamientos sobre cómo relacionarnos con otros miembros del personal y gente de la congregación. Estos son algunos de los límites que forman parte de la cultura del personal:

- ♣ Cuando un miembro del personal se reúne con una persona del sexo opuesto, necesita estar en una habitación que tenga ventana o la puerta debe permanecer abierta.
- ♣ Los miembros del equipo de trabajo no pueden reunirse después de la jornada con una persona del sexo opuesto, a menos que haya otras personas en el edificio.
- ♣ Los miembros del personal no pueden reunirse a solas con una persona del sexo opuesto en los predios exteriores de la iglesia.
- ♣ Generalmente, los miembros del personal no conducen un auto a solas con una persona del sexo opuesto (obviamente pueden conducir en grupo o ayudar a alguien en una emergencia).

la libido de un líder

Ningún pastor o líder de Corinth puede salir a almorzar con una persona del sexo opuesto, ya sea miembro del personal o de la congregación. Pensamos que esto se parece y se siente demasiado como una cita. Nuestro equipo de trabajo y la junta de la iglesia saben que estos límites son estrictos y pueden ocasionalmente provocar complejidades al momento de viajar y realizar reuniones. También sabemos que tales límites no pueden ser absolutamente rígidos; estos son lineamientos generales. Pero creemos que los beneficios de los límites claros pesan mucho más que los inconvenientes. Y por la gracia de Dios, nunca hemos enfrentado una situación en la cual un miembro del equipo de trabajo haya terminado en una situación comprometedora con alguien del equipo o un miembro de la iglesia.

Tengo amigos en el ministerio a quienes respeto y que sienten que los límites establecidos por nuestra iglesia son demasiado estrictos y no funcionarían en la cultura de sus iglesias. Mi consejo es que piensen en lo que podría ser apropiado para sus contextos, pero que fijen límites claros que protejan a sus líderes, miembros de la congregación y el nombre de Jesús.

El poder de la rendición de cuentas

Además de meditar en las Escrituras y establecer límites claros, los líderes sabios se acogen a la rendición de cuentas. Esto requiere coraje, demanda vulnerabilidad y puede salvar nuestra vida.

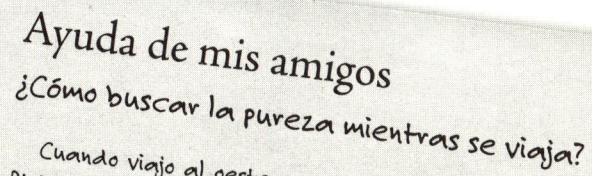

Ayuda de mis amigos
¿Cómo buscar la pureza mientras se viaja?

Cuando viajo al oeste, usualmente les pido a mis anfitriones que no me pongan en un hotel a menos que esté viajando con mi esposa. Esto es porque he descubierto que en el oeste, incluso la televisión normal es a menudo poco edificante. Debido a que estoy muy cansado cuando termino un día de ministerio, tiendo a encender la

continúa ▷

comprendamos y controlemos nuestros deseos sexuales

> televisión y a verla por demasiado tiempo. Si debo quedarme en un hotel, usualmente pido un compañero de cuarto para no estar solo cuando me siento cansado luego de las batallas del ministerio. Por lo general, prefiero quedarme en casas. El valor agregado de quedarse en hogares es que, cuando estoy en una cultura extranjera, me gusta tener tantas oportunidades como me sean posibles para identificarme con las personas y llegar a conocerlas. Conozco muchos predicadores a quienes no les gusta el tiempo usado en hablar. Pero pienso que este me ayuda a estar más cerca de la gente y a ministrarles de manera más eficaz.
>
> —Ajith Fernando, director nacional de Juventud para Cristo, Sri Lanka

Un líder de iglesia me preguntó si podía hacerle un favor. Él dijo: «Cuando viajo, me quedo en hoteles... solo». Él estaba teniendo problemas para mirarme a los ojos, pero siguió adelante. «Yo... bueno... he estado viendo películas que un líder cristiano no debería ver. No quiero hacerlo. Sé que está mal, pero estoy teniendo problemas para dejarlo».

Yo le pregunté: «¿De qué manera te puedo ayudar?».

«Tal vez, antes de que viaje, podría avisarle y usted oraría por mí. Y cuando regrese, podría darle un reporte».

Yo le dije que pensaba que él era muy sabio y me comprometí a pedirle cuentas por dos meses. Los siguientes viajes, él resistió la tentación de ver películas inapropiadas. Cuando cumplimos los dos meses, le pregunté

Te cuido la espalda
Rendición de cuentas seria

Soy parte de dos grupos de apoyo para pastores. Estos no son grupos que se reúnen para quejarse y chismorrear. Estos son grupos en los cuales nos miramos la cara unos a otros, hablamos de nuestras vidas a profundidad,

> oramos apasionadamente y llevamos a cabo una rendición de cuentas sincera. En uno de los grupos discutimos sobre la pornografía en Internet. Cuando expresamos los retos de mantenernos puros en el mundo de nuestra mente y de evitar esta cloaca visual, decidimos que cada uno de nosotros se suscribiría a un programa de reporte de Internet que lleva una lista de cada sitio al cual accedemos y luego envía un reporte mensual a alguien más en el grupo.

si sentía que necesitaba rendir cuentas por más tiempo. «No, tengo un par de amigos cercanos que serían buenos en esto. Simplemente vine primero a usted porque sabía que no me miraría con desprecio».

Lo hermoso de rendir cuentas es que podemos hacerlo en base a nuestras necesidades. Cuando encontramos a un hermano o una hermana en quien confiamos, podemos pedirle que nos pida cuentas de una manera específica. Si nuestra lucha es la atadura emocional a alguien en nuestro ministerio, podemos pedirle que ore por nosotros y que nos pregunte si estamos siendo cuidadosos para fijar límites claros con esa persona. Si nuestra lucha es el escondido mundo de la lujuria, podemos invitar a un compañero de rendición de cuentas a apoyarnos en oración, así como también a que nos pregunte si estamos manteniendo nuestros pensamientos encaminados en la dirección correcta. Si estamos siendo tentados por la pornografía en la Internet, podemos enviar un reporte mensual de toda nuestra actividad en línea a nuestro compañero de rendición de cuentas. Cualquiera sea nuestra necesidad, un amigo de confianza que nos haga las preguntas difíciles, así como también nos motive y ore por nosotros, es un maravilloso regalo.

La bondad de la sexualidad

Los cristianos deberían tener una grandiosa vida sexual. En el contexto del matrimonio, por supuesto. Dios creó al hombre y a la mujer y los declaró «muy buenos». La imagen es convincente. Un hombre y una mujer en un hermoso jardín: ¡el paraíso! Ellos estaban desnudos, no tenían vergüenza. Dios los invitó diciendo: «Sean fructíferos y multiplíquense». Cuando Dios creó a los hombres y las mujeres, él pretendía que experimentaran intimidad sexual. Se trata de un buen regalo.

Los líderes cristianos que quieren honrar a Jesús, necesitan entender la bondad del plan de la creación de Dios. Necesitamos celebrar la maravilla, el misterio y la pasión del sexo conforme a su voluntad. Por demasiado tiempo, hemos entregado la esfera de la sexualidad al mundo. ¡No más! Es tiempo de que el pueblo de Dios retome el mundo de la sexualidad.

Los líderes casados deben hacer de sus vidas sexuales una alta prioridad. Los líderes solteros deben vivir en pureza sexual, pero aun así, bendecir y celebrar la bondad del sexo cuando es expresado en el pacto de una relación entre un hombre y una mujer casados. Hay demasiados líderes que han decidido que sus vidas sexuales nunca serán partes vivificantes ni gozosas de sus matrimonios y se han vuelto lugares de dolor escondido e ira silenciosa. Cuando una pareja en el ministerio fracasa en acoger la bondad de su relación sexual, esto crea un rompimiento entre el esposo y la esposa, donde el enemigo de nuestra alma puede crear un abismo, generando tierra fértil para la indiscreción y tentación sexual.

La mayor parte del tiempo, cuando un hombre o una mujer que es cristiano devoto comienza a cruzar líneas en el área de la sexualidad, esto tiene que ver con una necesidad emocional. Ellos se sienten alejados de su cónyuge. Los rigores del ministerio están pasando factura. Las necesidades físicas y emocionales que llevan dentro, en lo profundo, comienzan a salir a la superficie. Entonces aparece alguien que satisface esa necesidad emocional. Ellos son orillados a esta persona, primero porque «se preocupa por mí». Una vez que el lazo emocional ha sido establecido, la tentación sexual comienza a crecer.

Existe un asombroso pasaje en Proverbios que trata sobre la bondad de la sexualidad, el llamado a la fidelidad y el peligro de la tentación sexual. Lee este pasaje detenidamente. Entiende la alegoría del agua como la imagen de la intimidad sexual:

> Bebe el agua de tu propio pozo,
>   el agua que fluye de tu propio manantial.
> ¿Habrán de derramarse tus fuentes por las calles
>   y tus corrientes de aguas por las plazas públicas?
> Son tuyas, solamente tuyas,
>   y no para que las compartas con extraños.
> ¡Bendita sea tu fuente!
>   ¡Goza con la esposa de tu juventud!

la libido de un líder

> Es una gacela amorosa,
> es una cervatilla encantadora.
> ¡Que sus pechos te satisfagan siempre!
> ¡Que su amor te cautive todo el tiempo!
> ¿Por qué, hijo mío, dejarte cautivar por una adúltera?
> ¿Por qué abrazarte al pecho de la mujer ajena?
> Nuestros caminos están a la vista del Señor;
> él examina todas nuestras sendas.
>
> —Proverbios 5:15-21

El escritor de Proverbios da una serie de advertencias en la primera sección del capítulo 5. Él nos llama a evitar la tentación sexual, a mantenernos alejados de aquellos que intentan involucrarnos. Él continúa hablando sobre la prudencia de recibir disciplina y escuchar la sabiduría de otros. Somos llamados a una fidelidad feroz y a estar advertidos de los peligros del adulterio. Sin embargo, en medio de esta seria advertencia, hay una celebración a la intimidad y la plenitud sexual.

A lo largo de toda la Biblia existe un llamado a la celebración sexual. Dentro del pacto del matrimonio, debería haber bendición sexual. Así como estamos llamados a bendecir con nuestras palabras, también estamos llamados a bendecir con nuestros cuerpos. Nuestros genitales, específicamente, son fuentes de desbordante bendición. Los pechos, la vagina y el pene, son todos parte de la celebración de la intimidad de ser una sola carne. El romance y el contacto sexual son regalos de Dios para su pueblo.

Hay un claro sentido en la Escritura de que nosotros debemos satisfacer a nuestro cónyuge con nuestro cuerpo. Lee las palabras detenidamente y por amor del cielo, ¡no te avergüences! «¡Que sus pechos te satisfagan siempre!» Este pasaje bien podría decir sin ninguna timidez: «¡Que su pene te satisfaga siempre!». Yo conozco a algunos que se sonrojarán cuando lean estas palabras. Algunos en la familia de Dios han relegado la esfera de la sexualidad a un lugar bajo en la vida. Ellos han perdido de vista la realidad bíblica de que la intimidad sexual de ser una sola carne es un regalo de su Creador.

Cuando nuestra relación sexual satisface y nuestra «fuente» es bendecida, esto nos lleva al cautivador amor. Las parejas cristianas que hacen de su vida sexual una prioridad descubren que los deseos emocionales y físicos que Dios ha colocado en lo profundo de su alma están satisfechos. Cuando bebemos profundamente de la fuente de la intimidad marital no necesitamos que nuestra agua sea regada en

comprendamos y controlemos nuestros deseos sexuales

Construir redes

Habla sobre ello

Si estás casado, habla con tu cónyuge sobre tu relación sexual y romántica. Usa alguna de estas preguntas para iniciar la conversación:

1. ¿Qué cosas de las que hago te hacen sentir cerca de mí? ¿Qué cosas de las que hago te hacen sentir distante de mí?
2. ¿Cómo nos va en lo que a alimentar una relación sexual, romántica y saludable se refiere?
3. ¿Cómo te sientes en referencia a la frecuencia de nuestra intimidad sexual?
4. ¿Qué hago que te da placer cuando estamos teniendo intimidad sexual y durante el encuentro?
5. ¿Qué hago que no te resulta placentero o te provoca incomodidad cuando estamos teniendo intimidad sexual y durante el encuentro?

Si tu relación sexual con tu cónyuge está quebrantada o es inexistente, busca ayuda. Habla con un profesional que pueda ofrecerte sabiduría y ayuda. Cuando un auto se descompone, vemos a un mecánico. Cuando nuestro computador colapsa, encontramos a alguien que pueda recuperar la información. Si tu relación sexual se ha topado con un obstáculo, no aceptes el lugar en el que estás. Lee un libro, habla con un líder piadoso en quien confíes, encuentra a una pareja a la que respetes y pídeles que los mentoree, busca un consejero. Cualquier cosa que hagas, asegúrate de que esta parte de tu vida sea saludable y fuerte.

las calles. Cuando nuestras vidas sexuales son saludables, crecen, son apasionadas y plenas, la necesidad de buscar en otra parte disminuye de manera determinante.

Esto no quiere decir que los líderes cristianos que tienen relaciones sexuales ricas y plenas con sus cónyuges no enfrentarán la tentación. Tampoco quiere decir que aquellos que entran en una relación sexual inapropiada pueden de alguna forma culpar a su cónyuge por no satisfacer sus necesidades. Pero nutrir una relación sexual saludable, romántica e íntima con nuestros cónyuges satisfará muchas de las necesidades que Dios ha colocado dentro de nosotros. Cuando sentimos profunda satisfacción y plenitud en nuestra vida sexual, somos más rápidos en reconocer las falsas ofertas del enemigo y rechazarlas.

capítulo 9

Llevemos el yugo de Jesús
La espalda de un líder

La gente me necesita. ¿Cómo lo sé? Ellos me lo dicen. Estoy llamado por Dios a ser un líder en su iglesia, pero hay ocasiones, muchas ocasiones, en las que siento que el trabajo es demasiado grande para mí. Las necesidades son demasiado profundas, las responsabilidades son muchas, trato de sobrellevar el peso del ministerio, pero hay momentos en que la carga parece demasiado pesada. Me inclino en oración por el peso de lo que tengo que hacer cada día. Algunas veces siento la llenura del Espíritu Santo fortaleciéndome en medio de la debilidad y sigo adelante. Otros días, lo que en realidad me gustaría hacer es arrastrarme hasta mi cama y tomar una larga siesta, pero eso no está en mi descripción de trabajo.

> Vengan a mí todos ustedes que están cansados y agobiados, y yo les daré descanso. Carguen con mi yugo y aprendan de mí, pues yo soy apacible y humilde de corazón, y encontrarán descanso para su alma. Porque mi yugo es suave y mi carga es liviana.
>
> —Mateo 11:28-30

> Dirigiéndose a todos, declaró: «Si alguien quiere ser mi discípulo, que se niegue a sí mismo, lleve su cruz cada día y me siga. Porque el que quiera salvar su vida, la perderá; pero el que pierda su vida por mi causa, la salvará».
>
> —Lucas 9:23-24

Cuando me inicié en el ministerio, juré que no me sucedería a mí. Le prometí al Dios que sirvo que no permitiría que mi vida perdiera el equilibrio. He conocido a demasiados hijos de pastores amargados y con historias sobre cómo ellos han llegado a odiar la iglesia, porque el padre que ejercía como pastor vivía fuera de balance y dejó que la iglesia consumiera a su familia.

Cuando comencé en el ministerio, estaba determinado a no dejar que mi familia fuera otra víctima producto del trabajo ministerial. Cuando me casé, establecí hábitos de trabajo que me permitirían entregarme en sacrificio a la iglesia —lo que pienso es parte del llamado de todo líder cristiano—, pero también separé tiempo para mi esposa. Cuando comenzamos a tener hijos, una vez más me aseguré de que hubiera margen para este nuevo ámbito de gozosa responsabilidad. ¡Estaba haciendo lo correcto! Estaba apartando tiempo para mi familia, mientras que, a la vez, me entregaba completamente a la obra de Jesucristo.

Un año, mientras nuestra familia se encontraba de vacaciones en Colorado, me di cuenta de algo. Aunque estábamos de vacaciones, yo llevé el trabajo conmigo. Estaba escribiendo un estudio bíblico para un grupo pequeño sobre cómo establecer límites. Me sentía orgulloso de mí mismo mientras escribía y desarrollaba las preguntas de discusión. El material que estaba usando era un sermón de Bill Hybels, y en su mensaje él enfatizaba que únicamente servía a la iglesia de tres a cuatro noches a la semana.

Sentí una punzada de condena porque yo ocupaba muchas noches en realizar el trabajo de la iglesia. Resolví que me limitaría a cuatro noches a la semana. Me sentí muy orgulloso de esta decisión y se la comenté a Sherry: «Al meditar en mi semana regular, me di cuenta de

la espalda de un líder

que si no soy cuidadoso, podría terminar en la iglesia todas las noches de la semana». Mi esposa me miró y dijo de manera muy, pero muy práctica: «Tú *estás* en la iglesia todas las noches de la semana». Yo absorbí sus palabras y luego le dije que estaba equivocada. Ella me dijo estar bastante segura de tener la razón y que ella y los niños en realidad nunca me esperaban en casa por las noches.

Estaba irritado por lo que sentí era una acusación insensible y me escurrí a la otra habitación para sacar mi planificador diario y probarle que estaba equivocada. Me paré en la otra habitación, con el planificador diario en la mano, y revisé el mes anterior. Sentí como si me hubieran golpeado en el estómago. Yo había estado en la oficina trabajando todas y cada una de las noches por aproximadamente un mes. Incluso en mi día libre, mi día sabático, tenía programadas reuniones, consejerías y otros eventos que eran «urgentes» o «muy importantes».

Lloré. Estaba quebrantado. Regresé lentamente a la habitación donde Sherry estaba leyendo. Cuando me vio, supo de inmediato que algo estaba mal. Al parecer, yo era el único miembro de nuestra familia que no estaba consciente de que mi vida estaba girando fuera de control. Sherry fue piadosa e indulgente. Hablamos, oramos y planificamos juntos. Tomé mi calendario y revisé el mes siguiente. Ya tenía por lo menos cinco o seis noches de trabajo programadas para cada semana del siguiente mes. Pero le prometí a Sherry, a mis hijos, a mí mismo y a Dios que las recortaría a cuatro noches semanales.

Al llegar a casa, tuve que hacer algunas llamadas telefónicas para trasladar reuniones y citas. Aprendí a decir no un poco más a menudo. Comencé una nueva manera de vivir que no me rompiera la espalda o destruyera a mi familia. Escribí las palabras «noche familiar» tres veces cada semana para marcar las noches en las que llegaría a casa y me quedaría en ella.

Yo sabía que debía tomar en serio este compromiso, así que al siguiente domingo desde el púlpito, le conté esta historia a toda la congregación. Les pedí que me perdonaran por descuidar a mi esposa y a mi familia. Los invité a que oraran por mí y para que responsablemente me quedara en casa por lo menos tres noches a la semana. Sherry escribió «noche familiar» en grandes letras azules en el calendario familiar que colgaba en la lavandería, para que los chicos supieran las noches en que yo estaría en casa.

La primera noche familiar oficial entré por la puerta del garaje y mi hijo menor saltó sobre mí desde la lavandería y se colgó de mi espalda diciendo: «Papá, te vas a quedar en casa esta noche ¿verdad?».

llevemos el yugo de Jesús

> ## Te cuido la espalda
> ### ¡Ve a casa!
>
> Fija un objetivo con relación a cuánto tú sientes que es responsable, en esta época de tu vida, trabajar en tu ministerio. Específicamente, establece cuántas noches pasarás en la iglesia. Luego invita a tu personal, junta y congregación a pedirte que rindas cuenta de ello. Dales permiso para que te envíen a casa si te estás excediendo.
>
> Luego de que conté mi historia a los miembros de Corinth y les hablé de mi compromiso de ir a casa tres noches a la semana, la gente me ayudó a ser fiel. Años más tarde, la gente todavía recordaba preguntarme si estaba honrando a mi familia al pasar suficiente tiempo en casa.

Yo le aseguré que así era. Él estaba muy contento. Cada noche familiar, desde ese momento, Nate se «escondería» en la lavadora y se lanzaría sobre mí cuando entraba. Esto llegó a ser lo más destacado de mi día. Todos comenzamos a esperar estas noches juntos.

Una noche, entré por la puerta del garaje esperando cargar a Nate en mi espalda. Él no estaba ahí. Entré a la cocina y llamé a los niños: «Zack, Josh, Nate… ¡Noche familiar!». Nada.

Sherry me llamó desde otra habitación: «Los niños están todos fuera haciendo cosas con sus amigos».

Yo estaba impactado. «¿No sabían que era noche familiar?».

«Sí, pero dijeron que tú siempre estás aquí».

¡Qué momento santo y de bendición fue este para mí! Me di cuenta de que los niños me veían como un padre que estaba en casa todo el tiempo. Por su gracia, Dios había restaurado el daño causado durante la época de mi vida en que estaba fuera de equilibrio.

la espalda de un líder

> **Chequeo de síntomas**
> Mi espalda está mal
>
> ☐ No puedo recordar la última vez que fui a la cama con una sensación de paz interior por haber terminado mi trabajo del día.
>
> ☐ Vivo con una sensación constante y preocupante de que trabajo mucho y esto no es valorado.
>
> ☐ Estoy resentido con otros en el ministerio que parecen tener tiempo para avanzar y renovarse en lo personal.
>
> ☐ Solía sentir una audacia visionaria en mi liderazgo. Ahora, simplemente trato de evitar regañar a las personas.
>
> ☐ A veces siento que Dios me ha dado una dirección y una visión para el ministerio, pero puedo enumerar a la gente que conozco que se opondrá, y yo simplemente no tengo el temperamento para enfrentarlos.

Llevar el yugo de Jesús

Al líder de iglesia que trabaja demasiado, Jesús le dice: «Vengan a mí todos ustedes que están cansados y agobiados, y yo les daré descanso. Carguen con mi yugo y aprendan de mí, pues yo soy apacible y humilde de corazón, y encontrarán descanso para su alma. Porque mi yugo es suave y mi carga es liviana» (Mateo 11:28-30). Ya no vemos muchos yugos en esta época. La metáfora de Jesús en este versículo es poco familiar para nosotros en nuestro tiempo y nuestra cultura. Pero en el primer siglo, todo el mundo sabía lo que era un yugo y el propósito para el cual servía. Los yugos eran hechos a la medida por los carpinteros, a fin de colocarlos en el lomo de un buey de tal manera que el animal pudiera ser controlado para el trabajo. Mientras mejor quedaba el yugo, más productivo era el buey.

llevemos el yugo de Jesús

William Barclay, un gran comentarista bíblico, escribió que algunos carpinteros en el primer siglo probablemente colocaban letreros fuera de su puerta que decían: «Mis yugos calzan bien». Los carpinteros eran muy capacitados para hacer yugos que le quedaran perfectamente bien a un buey. Barclay también acota que cuando Jesús dijo: «Mi yugo es suave», podría ser fácilmente interpretado como: «Mi yugo calza bien».

El concepto es simple. Jesús sabe exactamente qué carga puedes llevar. Él es el maestro carpintero y ha hecho un yugo que te calza perfectamente. Él sabe lo que debes y no debes cargar. Nos metemos en problemas cuando tomamos un yugo creado por otras personas, o por nosotros mismos. Llevar el yugo de Jesús requiere un servicio sacrificial, pero mientras sea su yugo, calzará bien.

Jesús nos advierte que habrá quienes nos hagan llevar cargas pesadas. Él habló de cómo la élite religiosa de su tiempo estaba muy cómoda entregándole toda clase de cargas a la gente (Mateo 23:1-4). Lo mismo puede suceder en la actualidad. Si no somos cuidadosos, podemos terminar aplastados por las demandas, expectativas y responsabilidades que la gente nos entrega. Incluso podemos ser culpables de sobrecargarnos, en un esfuerzo por complacer a las personas y probar nuestra valía. No importa cuál sea el origen, ser aplastado bajo el peso del ministerio es una indicación de que estamos llevando el yugo equivocado.

El llamado de todo líder cristiano es recibir con humildad el yugo de Jesús. Su yugo siempre calzará bien. Cuando tomamos el yugo de Jesús, podemos llevar toda la carga que él tiene en mente para nosotros, pero se siente liviana. No terminaremos aplastados por el peso, porque Jesús sabe lo que podemos manejar.

Piensa en la descripción de Jesús de cómo se vería nuestra vida cuando lo seguimos: «Si alguien quiere ser mi discípulo, tiene que negarse a sí mismo, tomar su cruz y seguirme. Porque el que quiera salvar su vida, la perderá; pero el que pierda su vida por mi causa, la encontrará» (Mateo 16:24-25). El yugo de Jesús se parece bastante a una cruz. La cruz es pesada; es un instrumento de muerte; un lugar de juicio. Pero es básicamente el lugar al que pertenecemos y donde nos encontramos. Cuando tomamos la cruz de Jesús, cuando seguimos su estilo de vida, cuando acogemos sus enseñanzas, el yugo es suave y la carga es ligera.

Los líderes saludables no llevan las cargas hechas por los hombres, yugos y cruces impuestos por aquellos que creen que conocen el plan de Dios para nuestra vida. Nos presentamos ante Jesús y tomamos su yugo. Descubrimos que este siempre calza bien. Nuestra vida está ocupada, el ministerio demanda toda la fortaleza del Espíritu que mora en nosotros, somos conducidos a orar por la ayuda del Padre, pero la carga parece ligera.

> ## Sugerencias de autoevaluación
> ### ¿De quién es el yugo que estoy llevando?
>
> Reflexiona en tu vida y tu ministerio. ¿Estás llevando el yugo de Jesús? Si es así, tendrás una sensación de paz y fortaleza, incluso en los momentos desafiantes del ministerio. ¿Estás llevando un yugo hecho para ti por los miembros de la iglesia o por la junta de la iglesia? Si es así, te sentirás abrumado, amargado y resentido. ¿Estás llevando un yugo hecho por ti mismo? Si es así, es posible que la carga sea demasiado liviana y te puedas quedar corto en referencia a la visión de Dios para tu vida. O la carga puede ser enorme y aplastante. Si sientes que estás llevando otro yugo que no sea el que Jesús tiene para ti, es momento de hacer algunos cambios.

Reclama un regalo de gracia olvidado

Cuando Dios creó los cielos y la tierra, él nos dio un ejemplo a seguir. Después de seis días de trabajo, Dios descansó. Dios se tomó un día libre. Él no estaba cansado, pero estaba dando el ejemplo de un ritmo de vida para que nosotros lo sigamos. Luego, cuando Dios dio los Diez Mandamientos, elevó el valor de tomarse el Sabbat. Los líderes de iglesia saludables son lo suficientemente seguros como para aceptar el Sabbat y alejarse de su trabajo un día a la semana.

Cada vez que nos tomamos un Sabbat, hacemos tres declaraciones al cielo, la tierra, nuestra iglesia y nosotros mismos:

1. Confiamos en que Dios es capaz de controlar el universo y su iglesia sin nosotros.

llevemos el yugo de Jesús

2. Estamos seguros de que Dios puede proveer todo lo que nosotros necesitamos en seis días de trabajo.
3. Comprendemos que disminuir el ritmo de trabajo y reunirnos con Dios y su pueblo es una prioridad en nuestra vida.

Como líderes, no podemos llamar a la gente a experimentar el gozo y la fortaleza del descanso si nosotros no estamos dando el ejemplo de esta práctica. Los líderes que se rehúsan a tomarse un día completo de descanso cada semana hacen una profunda afirmación teológica: Yo soy más poderoso e importante que Dios. ¿Suena eso exagerado? Piensa al respecto. Dios, que es omnipotente, se tomó un Sabbat y te llamó a ti a hacer lo mismo. Tú, que eres limitado, te rehúsas a tomar un día de descanso. ¿Qué mensaje estás declarando con este comportamiento?

Mi esposa y yo estábamos dictando un seminario en la Convención Nacional de Pastores, titulado «Haciendo del matrimonio y el ministerio un complemento y no una competencia». Fue un curso de ocho

Construir redes

La iglesia Corinth tiene un variado equipo de trabajo. Con esto en mente, coordinamos para asegurarnos de que cada uno tenga un Sabbat, al mismo tiempo que cubrimos todas las bases. Somos capaces de programar los días libres para que las necesidades de la iglesia sean satisfechas y cada líder pueda realmente disfrutar del día sin recibir ninguna llamada. Por supuesto, si hay una emergencia, la gente está lista para servir, pero en su mayoría, el día está resguardado. Mi Sabbat ha sido el martes por casi todo mi ministerio y yo adoro este día.

Los pastores que están solos pueden sentir que ellos en realidad no pueden experimentar un Sabbat, pero sí comprendemos que la iglesia es un sacerdocio de todos los creyentes (1 Pedro 2:5,9), sabemos que otros en el cuerpo pueden satisfacer las necesidades de la congregación. Si seguimos el llamado a «capacitar al pueblo de Dios para la obra de servicio» (Efesios 4:12), tendremos un equipo de dotados miembros de la iglesia listos a servir cuando no estemos disponibles.

la espalda de un líder

horas sobre asuntos críticos, llevado a cabo durante un período de dos días. Uno de los tópicos que tratamos fue la necesidad de llevar una apropiada carga en el ministerio. Hicimos un llamado a los líderes que tomaban el curso a vivir una vida equilibrada que les condujera a un ministerio saludable a largo plazo.

En particular, tratamos la importancia de tomar un Sabbat, no para acumularles una capa más de legalismo a las ya cargadas vidas, sino para ayudarles a descubrir la libertad del descanso. Enfatizamos que los líderes deben seguir el ritmo del cielo y el corazón de Dios, tomando un día de cada siete para retirarse de sus labores ministeriales. Ambos notamos que algunas esposas codeaban a sus esposos en las costillas, como diciendo: «¡Escucha!».

Uno de los hombres en el grupo soltó: «¿Qué tal si mi iglesia no me deja tomar un Sabbat?». Le pedí que se explicara. Me dijo que la junta y los miembros de su iglesia esperaban que él trabajara y estuviera listo

Ayuda de mis amigos

¿Qué haces para ayudarte a mantener tu alma saludable y fresca?

Yo practico un Sabbat cada viernes. Esto es extremadamente importante para mi cordura.

Cada verano, me tomo un tiempo de estudio de cuatro a seis semanas, lejos de mi iglesia y la comunidad a la cual sirvo. A menudo, durante la tercera o cuarta semana, Dios comienza a tratar con el resentimiento, el pecado y la basura oculta en mi vida que se ha acumulado durante el año previo. Este ha sido uno de los más valiosos regalos que mi iglesia me ha dado en los últimos diecisiete años.

Cada verano, voy con un pequeño grupo de amigos a hacer escalada extrema. La cercanía a la creación de Dios y el pasar un tiempo maravilloso con varones devotos ha limpiado mi alma de maneras especiales.

—Wes Dupin, pastor principal, Iglesia Comunitaria Daybreak, Hudsonville, MI

llevemos el yugo de Jesús

a atender cualquier llamado todo el tiempo. La idea de un día libre, de un Sabbat, no entraba dentro de su concepto de la función de un pastor.

Mi respuesta le sorprendió y francamente me sorprendió a mí también. Yo le pregunté: «¿Qué harías si los miembros de tu iglesia y la junta te dicen que cometas adulterio como parte de las funciones de tu trabajo?».

Él contestó: «¡Les diría que no!».

Le pregunté: «¿Por qué?».

Cuando respondió, él entendió el punto. El mismo Dios que mandó que no cometamos adulterio, también ordenó el día del Sabbat. Tuvimos una enriquecedora conversación sobre a quién servimos. Regresamos a lo básico de que servimos en primer lugar a Dios, no los antojos de una junta de iglesia o personas exigentes. En realidad, estábamos volviendo al tema de a quién pertenece el yugo que llevamos.

Los líderes que quieren permanecer saludables y servir a Dios por toda una vida ven el rostro de Jesús y descubren que él es un Buen Pastor, no un duro capataz. El Dios que amamos y servimos nos llama a llevar su yugo, el cual siempre calza bien. Incluso en los momentos en que demanda sacrificio y trabajo duro, nuestro Salvador nos recuerda que él «en verdes pastos me hace descansar. Junto a tranquilas aguas me conduce; me infunde nuevas fuerzas» (Salmo 23:2-3a).

Reflexiones para concluir

Diario personal, enero 14.

    Mientras escribo las palabras finales de este libro, tengo catorce puntos a lo largo de mi frente. Aproximadamente hace un mes, durante uno de mis exámenes semanales en la piel, noté una mancha sobre mi ceja derecha que parecía «sospechosa», como dicen los doctores. Era rosada, suave y dolía. Llamé al consultorio del dermatólogo y fijé una cita. Una biopsia identificó la mancha como otro carcinoma basocelular. Esto es algo pasable, siempre y cuando lo trates de la manera adecuada. Así que fijamos una cita para otro procedimiento Mohs.

    La semana pasada, en medio de mi apuro por terminar este libro, fui a ver al Dr. Dekkinga. Ellos adormecieron mi frente con aproximadamente seis o siete inyecciones y Jack cortó con prolijidad el pedazo de mi piel, del tamaño de una moneda de diez centavos. Luego, cuidadosamente, me cosieron y me enviaron a casa.

    En un par de días, regresaré al consultorio del doctor y me retirarán los puntos. Les agradeceré a las enfermeras, las reflexiones para concluir

señoras de la oficina y más que todo a Jack. Parece extraño agradecerle a alguien por cortar un pedazo de tu frente, pero estoy agradecido. Él me ha enseñado cómo practicarme autoexámenes cada semana, de tal manera que podamos detectar los problemas cuando son todavía pequeños. Él me ha instruido para que Sherry examine mi espalda, porque yo no puedo ver los problemas que pueden estar desarrollándose ahí atrás. Y cuando los problemas de la piel surgen, está dispuesto a ayudarme con la mejor solución. Todas estas lecciones sobre mi piel me han enseñado profundas verdades espirituales.

Estoy agradecido por lo que Dios me está enseñando a lo largo del camino. Estoy convencido de que debo liderar desde adentro hacia fuera. Necesito estar tenazmente comprometido a realizarme autoexámenes regulares y exhaustivos de mi alma y de todo aspecto de mi vida. Como líder, deseo permanecer saludable y necesito invitar a la gente en quien confío a cuidar mi espalda y hacerme saber cuándo ven que hay problemas desarrollándose.

El proceso puede ser difícil en ocasiones.

Dejará cicatrices.

Necesitaré humildad y coraje, pero todo valdrá la pena cuando escuche: «¡Hiciste bien, siervo bueno y fiel!».

Preguntas de discusión y sugerencias de oración

Introducción
El poder vivificante de la autoevaluación

1. Lee el Salmo 26:2-3; Lamentaciones 3:40; y 2 Corintios 13:5-6. La Biblia deja claro que la autoevaluación es importante para todo seguidor de Cristo. ¿Por qué piensas que muchos líderes no practican la autoevaluación?

2. ¿Cuáles son algunas de las consecuencias de que los líderes fallen al vivir una vida examinada?

3. Describe una ocasión en la que tus decisiones y acciones tuvieron repercusiones dañinas. Si hubieras sabido el impacto total de tus acciones, ¿qué habrías hecho diferente?

4. Lee la sección «Convertir a los pacientes en dermatólogos» de la página 15. ¿Cómo puede ser aplicada esta lección a nuestra vida y los ministerios espirituales?

5. En la página 16 leemos: «Tus decisiones personales nunca son simplemente personales; tus decisiones y la condición de tu vida interior impactan a otros». Si tomas una decisión pobre, ¿cuáles son las personas a quienes tu decisión podría afectar?

6. Nombra a un líder de la iglesia que lleve una vida interior examinada y saludable. ¿De qué manera la integridad de la vida interior de esa persona ha impactado su ministerio, vida familiar y amistades?

7. Nombra a una persona que tenga permiso para exponer preocupaciones o temas difíciles ante ti. ¿De qué forma esta persona te ha hecho un mejor líder?

preguntas de discusión y sugerencias de oración

8. Si alguna vez has sido parte de un grupo de rendición de cuentas, ¿de qué manera esta experiencia ha formado tu vida y tu ministerio?

Sugerencias de oración

Usa una o más de las siguientes sugerencias para orar como grupo:

1. Dios, perdóname por las ocasiones en que me he negado a practicarme una autoevaluación y ayúdame a empezar una nueva etapa de diligencia en este ámbito de mi vida de liderazgo espiritual.
2. Da gracias por los líderes saludables que te han influenciado.
3. Pide coraje para permitir que otros se acerquen lo suficiente como para pedirte cuentas en un nivel más profundo.

Capítulo 1

El corazón de un líder

1. Lee el diario de la página 23 y la sección «Chequeo de síntomas» en la página 25. En una escala del 1 al 10 (siendo 1 un latir suave y 10 un latir fuerte y saludable), ¿cómo calificarías a tu corazón? ¿Qué provoca que tu corazón se debilite? ¿Qué provoca que tu corazón se fortalezca?
2. Habla sobre una o dos disciplinas que te han ayudado a mantener latiendo tu corazón fuerte para Dios.
3. Lee la sección «Sugerencias de autoevaluación» de la página 33. Hay un poco de Wallace, los nobles y el Zanquilargo en cada uno de nosotros. ¿De qué manera cada una de estas clases de liderazgo han surgido en tu corazón y ministerio?
4. En la página 34 leemos: «Tampoco existe mejor lugar para aprender el arte del perdón que la vida en la iglesia. La iglesia está llena de gente. La gente está quebrantada

preguntas de discusión y sugerencias de oración

y es pecaminosa. Pasa el suficiente tiempo en la iglesia y serás lastimado». ¿De qué forma has experimentado tanto las heridas personales como la necesidad de perdonar a lo largo de tus años en el ministerio?

5. Nombra una persona que te importe y que no sepa del amor de Jesús. ¿De qué manera estás buscando alcanzar a esta persona con el evangelio? ¿De qué forma los miembros de tu grupo oran por ti y te apoyan mientras tú inviertes en esta relación?

6. Las demandas y desafíos del ministerio pueden transportar a los líderes fuera del mundo y forzarlos a pasar tiempo casi exclusivamente con los creyentes. ¿Qué haces para mantenerte en contacto con la gente perdida? ¿De qué manera resistes la fuerza gravitacional de la iglesia para poder seguir contactándote de manera determinante con la gente que todavía está lejos de Dios?

Sugerencias de oración

Usa una o más de las siguientes sugerencias para orar como grupo:

1. Dios de compasión, suaviza mi corazón y llénalo con un amor como el tuyo. Ayúdame a dar los pasos para fortalecer mi corazón y que se inunde de amor por...

2. Confiesa cualquier cosa que se haya convertido en tu primer amor y pide que tu corazón lata con una nueva devoción por Dios.

3. Eleva oraciones de bendición y agradecimiento por los miembros del grupo.

4. Piensa en una persona por la que te interesas y que no conoce a Jesús. Pídele al Espíritu Santo que abra y suavice el corazón de esta persona y ora para que te dirija cuando des testimonio del amor de Dios.

Capítulo 2
La mente de un líder

1. Lee Filipenses 4:8 y el Salmo 119:97-98. ¿Cuál es el mensaje común de estos versículos?

2. ¿Cuáles son algunas de las cosas que podrían descarrilar tus pensamientos y evitar que te enfoques en las cosas que honran a Dios y fortalecen tu fe?

3. Lee la sección «Chequeo de síntomas» de la página 42. ¿Qué síntomas ves en tu vida?

4. ¿Cuán bien estás priorizando el estudio personal de la Palabra de Dios? (No la preparación de un sermón o el trabajo de la iglesia, sino el tiempo en el que invitas al Espíritu a darle forma a tu mente). ¿Qué paso puedes dar para profundizar tu compromiso con el desarrollo de tu mente a través del estudio de la Palabra de Dios?

5. Nombra a alguien que te haya inspirado a seguir aprendiendo y nutriendo tu mente. ¿De qué manera esta persona te ha influenciado?

6. En referencia a los recursos enumerados en las páginas 53-54, describe de qué manera estás buscando ser un aprendiz permanente. Cuéntale al grupo cualquier proceso creativo o aprendizaje de vida que hayas experimentado.

7. Da una sinopsis de un libro que haya desafiado tu pensamiento y fortalecido tu ministerio. Si tienes una lista de libros que deben ser leídos, haz que el grupo la conozca.

Sugerencias de oración

Usa una o más de las siguientes sugerencias para orar como grupo:

1. Espíritu de Dios, llena y expande mi mente. Ayúdame a hacer mi parte para afinarla. Dame amor por tu Palabra y el hambre para mantenerme aprendiendo todos los días de mi vida.

2. Agradece a Dios por la mente que te ha dado. Comprométete a usar tus facultades mentales para su gloria.
3. Agradece a Dios por los escritores, maestros, líderes, artistas y otros que han influenciado tu pensamiento y ampliado tu perspectiva de la vida y la fe.
4. Ora por diligencia mientras buscas desarrollar tus hábitos de crecimiento mental.

Capítulo 3

Los oídos de un líder

1. Lee el Diario de la página 59. ¿De qué manera uno de los miembros de tu iglesia describiría tu habilidad para realmente escucharle cuando te habla? ¿De qué manera describiría Dios tu habilidad para escuchar y responder a su voz y liderazgo en tu vida?
2. Lee Juan 10:1-4. ¿Qué aprendes sobre los pastores y las ovejas en este pasaje? Si Jesús es el pastor y nosotros sus ovejas, ¿qué es lo que Jesús nos enseña sobre nuestra habilidad para reconocer y seguir su voz?
3. Comenta de una ocasión en que seguiste a Dios cuando lo escuchaste hablar, sentiste que él hablaba a tu conciencia o recibiste dirección para tu vida. ¿Cuál fue el resultado de tu obediencia?
4. Si pudieras reunirte con cualquier líder de iglesia que se encuentra a una distancia prudencial y pasar tiempo absorbiendo ideas de su cerebro, ¿con quién te reunirías y qué le preguntarías?
5. ¿Cómo disciernes la diferencia entre una persona que te está atacando con una crítica poco saludable y alguien que te está presentando una crítica útil?
6. Lee la sección «Ayuda de mis amigos» en la página 76. ¿Cómo podrías usar estos principios para obtener retroalimentación sincera en tu ministerio?

preguntas de discusión y sugerencias de oración

7. Identifica una acción que puedes llevar a cabo para mejorar tu capacidad de escuchar.

Sugerencias de oración

Pasa diez minutos en silencio para que cada miembro de tu grupo pueda hacerle a Dios una o más de las preguntas enumeradas en la sección «Sugerencias de autoevaluación» de la página 63. Luego de este tiempo para escuchar, habla con tu grupo de algo que Dios haya puesto en tu corazón.

Capítulo 4

Los ojos de un líder

1. Cuenta de alguna ocasión en que tuviste una experiencia como la del siervo de Eliseo y se te permitió ver algún aspecto del mundo espiritual. ¿De qué manera transformó esto tu vida?

2. ¿Qué batalla espiritual estás enfrentando en tu ministerio? ¿Cómo pueden orar los miembros de tu grupo mientras buscas mantenerte fuerte?

3. Habla de una persona en tu vida que tenga el don de discernimiento espiritual. ¿Cómo usa Dios su don para apoyar y fortalecer tu ministerio?

4. ¿Qué puedes hacer para aprender de la historia de tu iglesia? ¿Cómo puedes bendecir lo que Dios ha hecho en el pasado?

5. ¿Dónde está obrando Dios en tu comunidad o ministerio? ¿Qué puedes hacer para ayudar a tu iglesia a entrar donde fluye y obra el Espíritu?

6. ¿Qué objetivo a corto plazo crees que Dios desea que tu iglesia alcance? ¿Qué necesitas que suceda para que esta visión se vuelva realidad?

7. ¿Qué visión a largo plazo te ha dado Dios para tu iglesia? ¿Qué necesitas que suceda para que eso se vuelva realidad?

Sugerencias de oración

Usa una o más de las siguientes sugerencias para orar como grupo:

1. Abre mis ojos para verte con claridad. Levanta el velo para que pueda ver tu poder y presencia.
2. Ora por los miembros de tu grupo cuando enfrenten batallas espirituales.
3. Agradece a Dios por la historia de tu iglesia. Ya se trate de dos o doscientos años, Dios ha estado obrando. Dale la gloria por lo que ha hecho.
4. Ora por el futuro de tu iglesia. Pídele a Dios que te guíe con nueva claridad y pasión.

Capítulo 5

La boca de un líder

1. Lee Proverbios 12:18-19, 25; 16:21; y 18:21. ¿Qué aprendes sobre el poder de tus palabras?
2. Habla de una persona que constantemente te motive y bendiga con sus palabras. ¿De qué manera ha usado Dios a esta persona en tu vida?
3. ¿Cuáles son algunos indicadores de que una cultura de bendición está creciendo en tu iglesia? ¿Qué pasos puedes dar para ayudar a que tu iglesia desarrolle una cultura más fuerte de bendición?
4. ¿Qué puedes hacer para motivar y afirmar a otros líderes de iglesia en tu comunidad?
5. ¿Cuán bien vive tu iglesia las enseñanzas de Jesús en Mateo 18:15-17? ¿Cómo puedes ayudar a que tu iglesia se convierta en una zona libre de chismes?
6. Sin usar nombres, cuenta de una ocasión en la que hablaste la verdad en amor y la persona recibió lo que dijiste y como resultado creció.

preguntas de discusión y sugerencias de oración

7. ¿Cuáles son algunas de las consecuencias que una iglesia enfrentará si un líder se rehúsa a hablar la verdad para así evitar el conflicto o herir los sentimientos?

Sugerencias de oración

Usa una o más de las siguientes sugerencias para orar como grupo:

1. Dios de la creación, tú hiciste mi boca. Tú conoces el potencial de mis palabras para sanar o destruir. Ayúdame a controlar mis palabras y usa mi boca para...

2. Agradece a Dios por la gente que ha colocado en tu vida y que ha usado sus palabras para motivarte y fortalecerte.

3. Ora en contra de los esfuerzos del enemigo por plantar las semillas del chisme y un espíritu de queja en tu iglesia.

4. Eleva oraciones de alabanza por otros ministerios y líderes en tu comunidad.

Capítulo 6

Las manos de un líder

1. Piensa en cómo Jesús usó sus manos cuando sanaba y servía a la gente. Imagina las manos de Jesús cuando estaba colgado en la cruz. Ahora, mira tus manos. ¿De qué manera quieres que tus manos se parezcan a las manos de Jesús?

2. En los tiempos de Jesús, lavar los pies era un acto de servicio común y humilde. ¿Cuáles son algunas de las formas contemporáneas que los líderes de iglesia adoptan como postura de humilde servicio?

3. ¿Cómo puedes transitar entre la delgada línea de delegar responsabilidades y seguir siendo un siervo humilde?

4. ¿Quién en tu iglesia tiene una actitud DAS? ¿Cómo usa Dios a esta persona para inspirar niveles más profundos de servicio en la vida de los demás?

5. En las páginas 127-128 tienes ejemplos de cómo una iglesia puede servir a otras congregaciones en su comunidad. ¿De qué maneras tu congregación está sirviendo en tu comunidad? ¿De qué forma tu iglesia podría ofrecer recursos, apoyo y servicio a otra congregación?

6. Habla de un cristiano que te haya mentoreado e invertido tiempo, sabiduría y amor en tu desarrollo espiritual. ¿Qué significa esta persona para ti?

7. Identifica a una persona que Dios te haya llamado a mentorear. ¿Cómo está Dios usándote para formar a esta persona y convertirla en un líder eficaz?

Sugerencias de oración

Usa una o más de las siguientes sugerencias para orar como grupo:

1. Jesús, te agradezco por tocar a la gente y sanarla, por lavar los pies y permitir que los clavos llegaran hasta tus manos. Te ofrezco mis manos y te pido que me hagas un siervo como tú.

2. Agradece a Dios por la gente en tu iglesia que sirve con pasión y fidelidad.

3. Ora para que tu congregación se comprometa a servir a la comunidad donde Dios te ha colocado.

4. Pídele a Dios que guíe a tu iglesia a un lugar donde pueda servir gozosamente a otras congregaciones.

Capítulo 7

El lado gracioso de un líder

1. Lee Proverbios 15:13-15, Nehemías 8:10; y el Salmo 126:2. ¿Por qué crees que Dios desea que su pueblo experimente gozo, entusiasmo y risa? ¿Qué evita que los líderes experimenten a plenitud el gozo de Dios?

2. Habla de una ocasión en que viste al poder de la risa derribar murallas y juntar a las personas.

preguntas de discusión y sugerencias de oración

3. Si tienes una historia divertida del ministerio, cuéntala al grupo.

4. ¿De qué manera tu personal crea espacio para el esparcimiento, las expresiones de gozo y la risa? ¿De qué manera puedes elevar el coeficiente de risa en tus reuniones de liderazgo o personal?

5. Describe las experiencias de adoración de tu iglesia y cómo la risa llena de gozo es parte de ellas. ¿De qué maneras haces espacio para el humor y la risa en la adoración congregacional?

6. Si tienes un mentor en cuanto al gozo, dile al grupo sobre esta persona y cómo ha traído gozo a tu vida.

7. En la página 147, leemos: «La gracia lleva a la risa y la risa lleva a la gracia». ¿De qué manera están conectadas la gracia y la risa?

Sugerencias de oración

Usa una o más de las siguientes sugerencias para orar como grupo:

1. Agradece a Dios por el privilegio del esparcimiento, el regalo del gozo y el alivio de la risa.

2. Ora para que tu iglesia sea conocida por un gozo abundante.

3. Agradece a Dios por las personas que ha colocado en tu vida y te enseñan cómo entretenerte y reír.

4. Estimula a aquellas personas en tu iglesia que creen que Dios pasa su tiempo de mal humor. Pide un quebrantamiento espiritual en sus vidas para que puedan experimentar el gozo del Señor.

Capítulo 8

La libido de un líder

1. ¿Qué emociones experimentas cuando un reportero anuncia la caída de otro prominente líder cristiano?

preguntas de discusión y sugerencias de oración

2. Lee Proverbios 5:15-21. ¿Qué advertencias te da este pasaje sobre la sexualidad? ¿Qué aseveraciones encuentras en este pasaje?

3. Lee la sección «Conocimientos médicos» de la página 155. Mi dermatólogo me enseñó que los problemas de la piel a menudo surgen dos décadas después de que el daño ha sido hecho. ¿De qué forma esto es cierto en lo que se refiere a pecados ocultos como la lujuria, ver pornografía o las relaciones sexuales ilícitas? ¿Qué le dirías a los líderes que creen que sus pecados sexuales «secretos» no impactarán sus ministerios?

4. Gran parte de la batalla con el pecado sexual se pelea en la mente. ¿Qué prácticas e ideas has aprendido para mantener tu mente pura?

5. Habla sobre cualquier límite que has establecido para ayudarte a evitar la tentación y «toda clase de mal». También dile al grupo sobre cualquier límite formal que tu iglesia ha establecido para los miembros del personal en lo que se refiere a su conducta con personas del sexo opuesto.

6. ¿Cómo los miembros de tu grupo pueden orar por ti y pedirte cuentas en el ámbito de la pureza sexual?

7. ¿De qué manera la iglesia no acoge y celebra el don de la sexualidad? ¿Qué pasos pueden darse para reclamar este buen regalo?

Sugerencias de oración

Usa una o más de las siguientes sugerencias para orar como grupo:

1. Ora por aquellos que han caído en la tentación y el pecado sexual, incluyéndote. Pídele a Dios que ayude a los líderes a mantenerse fuertes y resistir las muchas tentaciones que enfrentan.

2. Agradece a Dios por el buen regalo de la sexualidad humana.

preguntas de discusión y sugerencias de oración

3. Ora para que la iglesia tenga el coraje de proclamar la sexualidad como un maravilloso regalo de Dios y llame a la gente a la pureza.

4. Ora para que los miembros de tu grupo experimenten la bendición plena de ser hombres o mujeres. Al mismo tiempo, ora para que ellos establezcan límites que los protejan del pecado sexual.

Capítulo 9
La espalda de un líder

1. Habla de una ocasión en que sentiste que el peso del ministerio era demasiado para que lo llevaras. ¿Qué te llevó a esta situación? ¿Cómo lo superaste?

2. Lee las palabras de Jesús en Mateo 11:28-30 y Lucas 9:23-24. ¿Cómo estos textos parecen contradecirse uno al otro? ¿Cómo estos se complementan?

3. Si has experimentado un tiempo en el ministerio en el que tu agenda se salió de balance, describe cómo ocurrió esto. ¿Qué hiciste para equilibrar nuevamente las cosas? Si tu vida está fuera de equilibrio ahora, ¿qué harás para corregir esto?

4. ¿En qué maneras acoges y celebras el Sabbat semanal? ¿Qué día de la semana te tomas libre de tus responsabilidades ministeriales? ¿Qué haces en este día para renovar tu alma?

5. Si no consideras un día de Sabbat, explica por qué es difícil para ti alejarte por un día. Si te tomas un día libre, pero siempre te sientes obligado a pasar por tu oficina, revisar tu correo electrónico o realizar llamadas telefónicas relacionadas con la iglesia, ¿por qué haces esto?

6. Al mirar tu vida y tu ministerio, entre lo siguiente, qué estás llevando:

    ♣ Un yugo que te has colocado tú mismo.
    ♣ Un yugo que la gente de la iglesia te ha puesto.

preguntas de discusión y sugerencias de oración

- ♣ El yugo de Jesús
- ♣ Una combinación de todas las opciones anteriores.

¿Qué necesitas hacer para dejar de lado todos los yugos y que así puedas llevar el yugo de Jesús?

Sugerencias de oración

Usa una o más de las siguientes sugerencias para orar como grupo:

1. Agradece a Dios por llevar la cruz por ti.
2. Alaba a Dios por el privilegio de servir a su novia, la iglesia.
3. Confiesa en qué punto tu vida se ha salido de equilibrio y ora por la sabiduría y la fortaleza para llevar únicamente el yugo de Jesús.
4. Pide humildad y disciplina para considerar un Sabbat semanal.
5. Ora por la disciplina para practicar una autoevaluación en todos los ámbitos de tu vida.

Notas

Introducción: El poder vivificante de la autoevaluación

20 *Este perfil de la iglesia Corinth...* Para más información, ir a www.corinthreformed.org

Capítulo 1: El amor fortalece toda relación

26 *Sherry Harney, autora y conferencista.* Sí, ella es mi esposa.

Capítulo 2: Los aprendizajes de vida expanden nuestros horizontes

47 *Nancy Grisham, PhD, líder de evangelización, Livin' Ignited.* Para más información del ministerio de Nancy, ir a www.livinignited.org.

49 *Bob Bouwer, pastor principal de la Iglesia Faith, Dyer, IN.* Para más información sobre la iglesia Faith, ver en www.faithchurchonline.org.

53 *... una de las fuerzas influyentes cuando escribí el libro Seismic Shifts.* Para información sobre cómo hacer cambios sísmicos en una campaña de la iglesia, ir a www.seismicshifts.com Recursos adicionales en el blog www.seismicshifts.blogspot.com.

53 *Vivimos en una época en la que hay más conferencias disponibles...* Hay muchas conferencias maravillosas, pero algunas de mis favoritas son la Convención Nacional de Pastores, la Convención Nacional de Alcance y la Cumbre de Liderazgo de Willow Creek.

54 *Complementa tu dieta de libros...* Encontré útiles las siguientes revistas: *Christianity Today, Leadership,* y *Rev.*

Capítulo 3: Escuchar atentamente comunica decisiones sabias

64 *Kim Levings, director de Outreach Ministries.* Kim ha sido líder de esta organización por muchos años y ha ayudado a promover el desarrollo de la Convención Nacional de Alcance. El sitio web de Outreach Media Group es www.outreachmediagroup.com.

Capítulo 4: Una visión clara de lo que viene adelante

87 *... una dinámica iglesia que se distinguía por ser transformadora de la comunidad, en Paramount, California.* Actualmente, esta iglesia está liderada por el hijo de Harold, Ken. Continúa siendo uno de los mejores ejemplos de lo que una iglesia bíblica debería ser. Para información sobre este dinámico ministerio, ir a www.emmanuel-church.org.

87 «*Bendice su pasado...*» Me dirigí a Harold para asegurarme con precisión de que recordaba lo que él dijo (lo había escuchado hacía más de dos décadas). Harold confirmó que lo que yo recordaba era correcto y me permitió citarlo.

Capítulo 5: Las palabras positivas traen bendición y energía

104 *...del pastor Sam, de la Primera Iglesia de Grand Rapids.* Para más información sobre la Primera Iglesia de Grand Rapids, ir a www.grandrapidsfirst.org.

111 *Ajith Fernando, director del minsiterio Juventud para Cristo, Sri Lanka.* Recomiendo ampliamente el libro de Ajith, *Jesus Driven Ministry,* publicado por Crossway Books. Ajith ha guiado un estudio bíblico en la reunión Urbana en tres ocasiones y es uno de los mejores expositores bíblicos que yo haya leído o escuchado.

113 *Cuando Adam Barr llegó a Corinth...* Actualmente, Adam lidera Borderlands Ministries. Para más información, ir a www.borderlandsweb.com.

114 *Cuando me senté con el Dr. Baxter...* Este es el único seudónimo que he usado para los doctores mencionados en este libro. Debido a que su reporte era de alguna forma negativo, él no deseaba que su nombre fuese usado.

115 *... habló de las «huellas de la iglesia verdadera».* En la Iglesia Reformada de los Estados Unidos, la denominación a la cual sirvo, tenemos lineamientos para la disciplina en la iglesia, establecidos en nuestro *Libro de orden eclesial*. Aunque hay algunos desafíos al ser parte de una denominación, uno de los grandes regalos es la estructura y la dirección que se ofrece en muchos ámbitos del ministerio, incluyendo la disciplina eclesial.

Capítulo 6: El servicio humilde revela la presencia de Jesús

120 *Era domingo de Pascua...* Esta historia fue contada por Robert H. Schuller a un grupo de líderes en la Catedral de Cristal hace más de veinte años. Mi descripción de esta historia se basa en lo que recuerdo, no necesariamente en lo que sucedió.

Capítulo 7: La risa sostiene nuestra cordura

136 *...la reunión de jóvenes líderes de Leadership Network...* En ese entonces no me imaginaba que escribiría un libro para una de las series que desarrolla Leadership Network. Ese libro lo tienes ahora en tus manos. Con los años, he adquirido mucho conocimiento de los recursos desarrollados por esta organización y te animo a que leas la contraportada de este libro para más información.

139 *...Emily, de Bronner's Christmas Wonderland...* Aunque Emily no existe, existe en la actualidad un Bronner's. Tengo la certeza de que su equipo de ventas es muy respetuoso y no tienen camellos que cantan «Noche de Paz». Puedes encontrarlos en www.bronners.com.

140 *...Punk'd o X'd.* Son términos usados para dos programas de televisión que le hacen bromas a la gente.

notas

143 *...una pequeña pieza de DVD desarrollada por un creativo de la iglesia wesleyana...* Daybreak Church tiene todo tipo de recursos creativos para la adoración y además es responsable de un evento llamado Creative Infusion Conference. Para más información, ir a www.daybreak.tv para la iglesia y www.daybreak.tv/conference para la Creative Infusión Conference.

144 *Ellos le llaman a su línea de imágenes y afiches «Desmotivadores».* Si tienes un sentido del humor como el mío, llama a unos pocos amigos y vayan a www.despair.com.

Capítulo 8: Comprendamos y controlemos nuestros deseos sexuales

157 *Wes Dupin, pastor principal, Iglesia Comunitaria Daybreak, Hudsonville, MI.* Para más información sobre Daybreak Church, ir a www.daybreak.tv.

Capítulo 9: Llevemos el yugo de Jesús

172 *...un sermón de Bill Hybels.* Estos estudios finalmente vienen en una guía para grupos pequeños llamada «Interactions» publicada por Zondervan y Willow Creek.

176 *William Barclay, un gran comentarista bíblico...* Lo puedes encontrar en Barclay's Daily Study Bible Series, publicada por Westminster Press.

Nos agradaría recibir noticias suyas.
Por favor, envíe sus comentarios sobre este libro
a la dirección que aparece a continuación.
Muchas gracias.

Editorial Vida®
.com

Editorial Vida
Vida@zondervan.com
www.editorialvida.com